Cogaí

Cogaí

Daithí Ó Muirí

Cló Iar-Chonnachta
Indreabhán
Conamara

An Chéad Chló 2002

ISBN 1902420 54 3

Obair ealaíne an chlúdaigh: Seán Ó Flaithearta
Dearadh clúdaigh: Tom Hunter
Dearadh: Foireann CIC

Tugann Bord na Leabhar Gaeilge tacaíocht airgid
do Chló Iar-Chonnachta

Bord na
Leabhar
Gaeilge

Faigheann Cló Iar-Chonnachta cabhair airgid ó

The Arts Council An Chomhairle Ealaíon

Clóchur: Cló Iar-Chonnachta, Indreabhán, Conamara
Fón: 091-593307   **Facs:** 091-593362   **R-phost:** cic@iol.ie
Priontáil: Clódóirí Lurgan, Indreabhán, Conamara
Fón: 091-593251/593157

Clár

Cogadh 7

Coinneal 10

Sos Cogaidh 20

Cumadh 32

Baile na gCoillteán 41

Strainséir 55

Blaosc 63

Duran 73

Cosaint 86

An tSáinn ina bhFuil Mé 90

Cogadh

Bhí sé sa tairngreacht go mbeadh cogadh sa tír agus go ndéanfaí ionsaí ar an gceantar seo. Údar magaidh a bhí ann ar feadh na mblianta go dtí gur thosaigh scéalta ag teacht ó oirthear na tíre go raibh gach ceantar i mbun oibríochtaí móra chun iad féin a chosaint. Ní hamháin sin ach bhí airm fhaobhair á ndéanamh acu, gléasanna móra cogaidh á dtógáil, trúpaí á dtraenáil. Bhí an-amhras orainn. An raibh sé i gceist acu muid a ionsaí? Chun an scéal a phlé reáchtáladh cruinnithe poiblí, bhí freastal maith orthu agus tuigeadh gan mórán achair go raibh údar imní i ndáiríre ann. Labhair na seanóirí faoin tairngreacht, tugadh cluas dóibh agus corraíodh na daoine leis an gcaint faoi dhoirteadh fola. Socraíodh sa deireadh go dtógfadh muid balla mór cosanta timpeall ar an gceantar.

Na clocha ar ceapadh i gcónaí go raibh a bhfairsinge ina mallacht orainn chonacthas anois gur mhaoin fhíorluachmhar a bhí iontu. Tosaíodh ar iad a iompar as gach áit go himeall an cheantair. Ní hamháin gur soláthraíodh dóthain cloch le balla thar a bheith ard, thar a bheith tiubh a thógáil ach chuir baint na gcloch le feabhas na talún. Ba ghearr go raibh barr maith le feiceáil i ngarraithe nár cuireadh síol riamh cheana iontu. Cuireadh caoi ar bhóithre agus tógadh bóithre nua. Shaothraigh siúinéirí go crua chun carranna móra láidre a dhéanamh. Bhí an-éileamh ar na hasail arís, ainmhí iompair agus tarraingthe a raibh dímheas air le blianta anuas agus capaill mhóra á gceannach isteach ó cheantair eile. D'oibrigh na sluaite, fir, mná agus gasúir ó dhubh go dubh ag líonadh agus ag folmhú carranna, ag iompar na gcloch ó áit go háit, ag tochailt agus ag tógáil. De réir a chéile bhí an balla ag dul in airde. Bhí de dhea-thoradh ar an obair seo ar fad gur tarraingíodh na daoine le chéile. D'oibrigh siad as lámh a chéile agus bhí rath ar na bailte dá bharr. Chothaigh an obair mhór spraoi mór agus reáchtáladh féilte ag na crosbhóithre. Cumadh amhráin nua, athbheodh seanamhráin agus insíodh na seanscéalta arís. Bhí muid bródúil as ár sinsir. Bhí tóir ar sheanchas na seanóirí. Ainmníodh geataí sa bhalla i ndiaidh seanlaochra. Níorbh fhéidir é a shéanadh, bhí misneach as an ngnáth le mothú.

Bhí siad ann, cinnte, a dúirt gur obair amú a bhí i dtógáil an bhalla. Ach chuaigh a líon i laghad de réir mar a mhéadaigh líon na n-oibrithe. Daoine a raibh sé de mhisneach acu a rá nach raibh siad go hiomlán taobh thiar den obair caitheadh anuas orthu nó rinneadh magadh fúthu. Ach ansin thosaigh ráflaí. Go raibh na hoibríochtaí sna ceantair eile tite as a chéile, go raibh meirg tagtha ar na hairm, na gléasanna cogaidh ag lobhadh faoin tsíon, na trúpaí scaipthe. Labhair seanóir amháin faoin ionsaí a bhí le teacht agus tugadh aird go forleathan air. Dúirt sé go raibh tuiscint róshaolta againn ar an tairngreacht. Dúirt sé nach ar ár gcolainneacha a dhéanfaí an t-ionsaí seo. Nach sáfaí le sleánna muid, nach ndícheannófaí le claimhte muid, nach ndófaí le lasracha muid. Ach go ndéanfaí ionsaí ar ár spiorad. Rinne na daoine machnamh ar a ndúirt sé. Ach cén chaoi, a d'fhiafraigh siad, a ndéanfaí ionsaí ar spiorad an duine? Ní raibh a fhios ag duine ar bith. Cén chosaint, a d'fhiafraigh siad dá chéile, a bheadh ar an ionsaí seo? Ní raibh a fhios. Ach bhí a fhios nach ndéanfadh balla, cuma cé chomh hard, cé chomh tiubh, cosaint ar ionsaí dá leithéid.

Tá an obair tréigthe againn anois. Cúis náire dúinn an balla leath-thógtha. Tá na gasúir imithe ó smacht, iad le feiceáil ag rásaíocht ar asail suas is anuas na bóithre ó mhaidin go hoíche. Cloistear na mná óga ag canadh amhrán ó cheantair anoir. Suíonn na fir thart díomhaoin, ag ól agus ag achrann, leathshúil ar an airdeall ag fanacht leis an ionsaí ar ár spiorad.

Coinneal

Nuair a d'fhill mo Mhama ón sráidbhaile sa tráthnóna thug mé faoi deara, i measc na n-earraí sa mhála siopadóireachta, buidéal de líomanáid dhearg agus buidéal fuisce. Ba léir, freisin, go raibh cúpla deoch ar bord aici cheana féin. Réitigh sí ispíní dúinn, prátaí bruite agus canna pónairí, dinnéar gortach nár bhlais sí de í féin. Chuir sí síos tine mhór, d'athlíon an buicéad guail agus leag ar dheis an teallaigh é, d'iompair isteach tuilleadh bloc adhmaid chun cur leis an gcarnán ar chlé an teallaigh. Ansin shuigh sí cois tine.

Tá cosúlacht stoirme air, dúirt sí.

Thosaigh sí ag ól agus lean uirthi go raibh an buidéal folamh, cúpla uair an chloig ina dhiaidh sin. Rinne sí neart cainte linn, ag seanchas faoin seanam agus í ina gearrchaile thíos faoin tír, ach chríochnaigh sí mar ba ghnách di, ag rámhaillí faoin bhfear a mheall í, an fear a roghnaigh sí thar fhir na hÉireann uile, m'athair nach bhfaca mé ó rugadh Áine, cúig bliana roimhe sin.

Bhí muid cruinnithe timpeall na tine, Mama ar

chathaoir uilleann ar dheis, an buidéal fuisce ar an matal lena hais, an ghloine ag athrú óna lámh dheis go dtína lámh chlé gach uair a dhéanadh sí geáitsí agus gothaí chun cur le brí a cuid cainte. Sa dara cathaoir uilleann, ar an taobh eile den teallach, bhí an cat ina codladh go sámh, leathchasta ar a droim, smut in airde, ceithre chos sínte scartha amach, bolg ag éirí agus ag titim go mall rialta agus í ag dúiseacht scaití chun searradh a bhaint aisti féin. Eatarthu, inár suí ar an mata, bhí an triúr againne: Áine in aice leis an gcat, í ag cur tochais faoina smut nó ina bolg ó am go chéile, ag tarraingt ar a cosa, ag iarraidh spraoi a bhaint aisti; Tomás in aice le Mama, agus idir a chosa an buidéal mór ramhar lena gcuireadh sé líomanáid tríd an bhfuisce i ngloine mo Mhama, lena dtugadh sé athlíonadh dúinne sna mugaí; agus mise ina lár, cúram na tine orm, ag éirí nuair ba ghá chun breith ar an mbuicéad guail nó ar bhloc adhmaid.

Leis an dorchadas tháinig an stoirm. Chaith sé báisteach mhór mhillteach, shéid an ghaoth go fiáin. Tar éis tamaill chlis an leictreachas agus fágadh muid faoi sholas crónbhuí na tine. An méid coinnle ar éirigh liom teacht orthu chuir mé ar lasadh iad i soithí éagsúla ar fud an tseomra, rud a chuir ríméad ar Áine agus í ag déanamh cruthanna lena lámha chun scáthanna móra a chur ag damhsa ar an tsíleáil. D'iarr Mama ar Thomás ansin—bhí sí caochta faoin am seo—coinneal amháin, an ceann ba mhó agus ba ghile, a chur san fhuinneog. Sa seanam, mhínigh sí, sa tseanáit, chuirtí solas i bhfuinneog oíche stoirme mar threoir don siúlóir oíche. D'fheiceadh an strainséir an solas, shiúladh sé ina threo, thugtaí greim le hithe agus lóistín na hoíche dó, agus as buíochas, d'insíodh sé scéal cois tine. Bhreathnaigh muid ar Thomás, droim linn agus cloigeann cromtha, ag siúl go cúramach uainn, leathcheilte ar feadh cúpla soicind idir an dá chuirtín sular oscail sé amach iad, thug aghaidh orainn agus sheas ar leataobh chun an solas a nochtadh do Mhama, d'Áine agus domsa, coinneal mhór gheal i bhfochupán san fhuinneog.

Ba ghearr gur éirigh an stoirm thar a bheith fiáin. Le maidhmeanna móra malla chuaigh sí ó neart go neart, báisteach ag gleadhradh go bodhraitheach seal, faoiseamh seal ansin agus ollchrónán na gaoithe le cloisteáil, ansin ráigeanna dochreidte eile báistí, feadaíl gaoithe, báisteach á caitheamh cosúil le cith spallaí ar an díon, ar an doras, ar an bhfuinneog, agus an ghaoth ansin ag sianaíl go taibhsiúil san aer timpeall an tí—rud a bhain preab as an gcat gur sheas sí go tobann, stán i dtreo na fuinneoige, a heireaball ardaithe, cluasa bioraithe, súile oscailte níos leithne ná mar a chonaic mé riamh cheana. Thosaigh fráma na fuinneoige ag croitheadh, thosaigh an doras ag tuairteáil ar a ursaineacha. Bhí greim ag Tomás ar mo ghlúin, bhí Áine bogtha níos gaire dom. Nóiméad ar bith, shíl mé, pléascfaidh na pánaí gloine chun an stoirm a ligean isteach, séidfidh sí ina cuaifeach timpeall na gceithre bhalla, sciobfaidh sí léi gach rud, na coinnle, na buidéil, an ghloine agus na mugaí, an buicéad guail agus an carnán adhmaid, an tine féin, an dá chathaoir uilleann agus an mata agus muide in éindí le gach uile rud timpeall agus timpeall an tseomra agus ansin amach poll na fuinneoige, suas thar dhíon an tí, suas agus suas go hard sa spéir nó go dtuirlingeoidh muid cá bhfios cén áit sa tír. San fhuinneog bhí lasair na coinnle ag luascadh go fíochmhar, gach súil uirthi, ach súile mo Mhama—dúnta a bhí siadsan, agus í ag srannadh.

Bhí an stoirm maolaithe beagán nuair a chuala muid an cnagadh ar an doras, cnagadh lag, níos cosúla le scríobadh. Bhí orainn triúr cosa a chur i dtaca in aghaidh neart na gaoithe chun an doras a oscailt a dhóthain le go mbeadh amharc amach againn. Madra a bhí ann, madra a shleamhnaigh thar an tairseach isteach tríd an mbearna agus a sheas ar an urlár in aice linn. Dhún muid an doras agus faoi lagsholas na gcoinnle scrúdaigh muid é. Madra caorach, de réir cosúlachta, cé go raibh sé deacair a dhéanamh amach agus é fliuch báite, fionnadh greamaithe dá chraiceann, an t-uisce ag sileadh go tréan uaidh, lochán faoi cheana féin. Chrom Áine chun a lámh a chur timpeall ar a mhuineál agus é a threorú suas chuig an tine, áit ar léir go raibh sé salach chomh maith le bheith fliuch, puiteach ar a cheithre chos, ar a bholg agus ar a thóin. D'fhan sé ina sheasamh ansin, súile brónacha, ceann faoi, eireaball idir a chosa deiridh agus é ar crith.

Lóistín na hoíche atá uaidh, dúirt Áine.

Dinnéar atá uaidh, dúirt Tomás.

Is é an chéad rud atá uaidh, dúirt mé féin, folcadh.

I mo bhaclainn d'iompair mé suas staighre é, Tomás romham, Áine i mo dhiaidh, coinneal i bhfochupán ag gach aon duine acu. Líon mé an folcadán le huisce te, chuir an madra síos ann agus le gallúnach agus seampú nigh muid gach orlach de. Trí thuáille mhóra a theastaigh chun é a thriomú. Chíor muid é ó bhaithis go bun eireabaill agus chuir talc faoina ascaillí agus cúpla braon as seanbhuidéal cumhrachta ar dhá thaobh a smuit. Madra caorach a bhí ann, dubh, bán agus donn, madra breá caorach agus súile geala géarchúiseacha aige.

Meas tú, d'fhiafraigh Áine, cén t-ainm atá air?

Ghlaoigh sí roinnt ainmneacha air, ghlaoigh mise gach ainm a bhí i mo stór, chuir Tomás a chuid leis ach ba léir nár aithin an madra ceann ar bith acu.

Meas tú, d'fhiafraigh Tomás, an bhfuil ocras air?

Bhí muid uile ar aon intinn go raibh. Chuaigh Tomás síos staighre agus d'fhill le mias bainne agus pláta le cúpla píosa aráin agus im, agus sheas muid chun breathnú ar an madra ag alpadh agus ag slogadh go cíocrach.

Chuaigh muid síos staighre, an triúr againn i dtosach, an madra dár leanúint de shodar, eireaball ag luascadh. Chuir mé tuilleadh guail ar an tine, cúpla bloc eile adhmaid agus shuigh muid síos arís, an madra in aice le cathaoir Mhama, Tomás in aice leis, ansin mise idir eisean agus Áine, gan aon aird aici anois ar an gcat sa chathaoir in aice léi.

Ansin, agus muid dár ngor féin cois tine, agus seanchumhacht na stoirme fós inár gcluasa, d'inis mé scéal an mhadra dóibh.

Fadó, fadó bhí madra ann agus bhíodh sé ag siúl tríd an gcathair leis an bhfear seo. Oíche amháin shiúil siad suas sráid áirithe, ceann a bhí fada agus díreach, agus stop siad faoi lampa. Ní raibh aon solas sa lampa seo, mar bhí an bulba briste le fada. D'fhan siad sna scáthanna ansin, an fear ag caitheamh toitíní, an madra ina shuí lena thaobh. Níos faide síos bhí lampa sráide eile agus solas breá uaidh, crann in aice leis agus lon dubh ag feadaíl ann. Tar éis tamaill stop carr trasna uathu agus d'éirigh ceathrar fear amach as. Gadaithe a bhí iontu seo. Lig an fear fead ghlaice as agus rith an madra trasna agus é ag tafann go fíochmhar. Rith sé timpeall agus timpeall an chairr agus bhí an ceathrar sáinnithe aige ar nós scata caorach. Faoi dheireadh bhí orthu dul isteach sa charr arís agus imeacht leo. Ina dhiaidh sin leag leoraí an madra ar shráid eile nuair nach raibh an fear in éindí leis agus thug an buachaill seo isteach ina theach é. Thug sé beatha agus deoch dó ach choinnigh sé ceilte óna thuismitheoirí é. Nuair a bhí biseach ar an madra ansin d'imigh sé ar na sráideanna arís ag cuardach a mháistir. Shábháil sé cat a raibh cúpla madra ag iarraidh é a mharú agus bhíodh an cat ag dul gach áit leis ina dhiaidh sin, ag marcaíocht ar a dhroim. Oíche amháin bhí siad ag taisteal faoin tuath agus chonaic siad solas i bhfuinneog. Rug an madra ar chloch ina bhéal agus chnag sé ar an doras. Cé a bhí ann ach an buachaill céanna! Ar saoire i dteach a uncail a bhí sé. Chuir sé an madra agus an cat i bhfolach faoin staighre. Ach an t-am ar fad bhíodh an fear ag fanacht san oíche faoin lampa dorcha. Chaitheadh sé cúpla toitín, d'éisteadh sé leis an lon dubh agus bhreathnaíodh sé síos ar na soilse tráchta i bhfad uaidh ag athrú ó dhearg go hómra go glas agus ansin nóiméad ina dhiaidh bhíodh líne mhór thráchta ag dul thairis agus d'athraíodh na soilse thíos go dearg arís sula mbeadh an carr deiridh imithe thairis.

Ba léir nár thaitin an scéal leo agus an oiread mínithe ag teastáil uathu. Céard a bhí na gadaithe ag iarraidh a dhéanamh? Cén fáth ar choinnigh an buachaill an madra ceilte óna thuismitheoirí agus óna uncail? Céard a bhí ar siúl ag an bhfear nuair a leag an leoraí an madra? Ar chas an madra leis an bhfear arís agus an raibh an cat fós in éindí leis? An é athair an bhuachalla an fear? Cén t-ainm a bhí ar an madra agus ar an gcat agus ar an mbuachaill agus ar an bhfear? Ní raibh mé in ann a insint dóibh. Ní raibh a fhios agam.

Leis sin, dhúisigh Mama. D'éirigh sí aniar sa chathaoir chun scrúdú leathshúileach a dhéanamh ar an mbuidéal ar an matal, folamh, an ghloine in aice leis a ardú agus an braon deiridh den fhuisce a chaitheamh siar. Ansin dhírigh sí a dhá súil ar an madra.

Shep, a dúirt sí agus a lámh leagtha go ceanúil ar mhullach a chinn, níor thréig tusa riamh mé.

Agus lig sí osna fhada, thit siar sa chathaoir arís agus thosaigh ag srannadh go ciúin. Bhreathnaigh mé ar an madra, a thóin suite go héadrom ar an urlár, a dhá chos tosaigh i dtaca go stuama faoi, a bhéal oscailte, teanga amuigh, anáil ag teacht i bputha gearra, ar nós gur lá breá brothallach é.

Shep an t-ainm atá air, dúirt Áine.

Shep, sin é, sea, dúirt Tomás.

Shep, dúirt mé féin.

Sheas an madra, a eireaball ag luascadh, thosaigh sé ag líochán Thomáis. Ansin, gan choinne, bhreathnaigh sé sall ar an taobh eile den teallach, nocht na fiacla don chat agus rinne drannadh íseal. Sheas Áine chun tabhairt amach dó agus shuigh sé faoi arís. Ach d'imigh an cat, d'éirigh sí, gan a súile a bhaint ón madra, suas léi ar uillinn na cathaoireach agus léim síos go ndeachaigh as radharc faoi scáthanna an tseomra.

Ar maidin bhí an stoirm thart. Tomás, a chodail in éindí liomsa an oíche sin, bhí sé fós ina chnap. Bhí Áine ina leaba féin, na pluideanna in aimhréidh timpeall uirthi, an cat ar an bpiliúr, leathshúil shuanmhar aici orm. Agus Mama ina seomra féin, gan aon phluid uirthi, sínte trasna na leapa, na héadaí fós uirthi, na stocaí, bróg amháin. Thíos staighre bhí an madra ina luí os comhair an teallaigh, a chloigeann ardaithe, súile airdeallacha orm, cluasa bioraithe, ag éisteacht le mo bhróga ar adhmad an staighre.

Taobh amuigh bhí an ghrian éirithe agus an lá chomh geal sin gur dhall sé mé i dtosach. Ansin bhreathnaigh mé suas ar an spéir ghorm, gan scamall ar bith thoir, thiar, ó dheas ná ó thuaidh, gan an geoladh ab éadroime gaoithe le haireachtáil ó cheann ar bith de na ceithre hairde, boladh úr glan i mo shrón, an t-aer, an talamh. Sheas muid le chéile, mise agus an madra, sa chiúnas, i bhfuacht na maidine, locháin uisce ar gach taobh dínn. Chrom mé chun peataireacht a dhéanamh air, ligh sé mo lámh agus shiúil sé le mo thaobh amach go dtí an bóthar mór agus soir chomh fada le bóithrín an chladaigh. Ach nuair a chas mé síos níor lean sé mé, ach d'imigh leis soir. Shep! Shep! Shep! Ghlaoigh mé ina dhiaidh arís agus arís ach cé gur chaith sé spléachadh siar orm cúpla uair níor stop sé, d'imigh sé uaim de shodar, de rith soir i dtreo an tsráidbhaile nó gur imigh as mo radharc ar fad.

Thíos ar an gcladach bhí gach rud athraithe. Bhí ailp mhóra ite as na dumhcha, na claíocha sciobtha leo agus na clocha cartaithe ar fud na ngarraithe, an tarramhacadam san ionad páirceála réabtha, gaineamh, mionchlocha, feamainn san áit a mbíodh duirling, duirling san áit a mbíodh trá ghainimh. Ach bhí rud níos suntasaí ná sin ann: na buataisí agus bróga aonaracha, na buidéil leathfholmha, na miotóga rubair, na maidí agus na boscaí briste adhmaid, na píosaí de

17

phíopaí dubha, na boinn ghluaisteán, na spraechannaí meirgeacha stáin, na céadta soithí éagsúla plaisteacha de dhathanna geala, dearg, uaine, gorm, buí, rud ar bith insnámhtha a bhíodh á chaitheamh i dtír leis an taoide chun fanacht ina chuid aitheantais den chladach dóibh siúd a thaithíodh é, bhí gach uile phíosa den dramhaíl sin glanta leis, séidte as radharc ar fad—ní raibh sa chladach anois ach féar agus cré, gaineamh agus clocha, feamainn agus uisce. Uair an chloig a chaith mé ag siúl soir siar, dhá uair an chloig, b'fhéidir, ag taiscéalaíocht sa domhan nua seo sular chuimhnigh mé ar fhilleadh abhaile.

Nuair a bhain mé an teach amach bhí Mama ina suí agus í cromtha thar chraobh mhór a bhí tite de chrann sa ghairdín cúil, ag gearradh bloc le haghaidh na tine. Bhí Áine ina suí cos-scartha ar an gceann eile den chraobh, an cat ina baclainn, Tomás in aice le Mama, lámha fillte ina chéile, ag fanacht go dtitfeadh an bloc go gcaithfeadh sé sa bharra rotha é leis na cinn eile. Sheas mé ansin, ag breathnú ar lámh Mhama ag gluaiseacht anonn is anall leis an sábh, ar na matáin ag fáisceadh faoi mhuinchille an T-léine, an t-allas ag sileadh ar a baithis. Tar éis don chéad bhloc eile titim agus greim ag Tomás air láithreach, d'iarr mé ar Mhama seans a thabhairt domsa. Thug sí an sábh dom, mhínigh modh a úsáidte agus chuir fainic orm bheith an-chúramach.

Níor chuir sí aon cheist faoin bpraiseach sa seomra folctha, níor inis mé dise, ná d'Áine ná do Thomás faoi iontas an chladaigh, níor fhiafraigh ceachtar acu sin faoin madra. Thuig mé go raibh socrú rúnda ann, d'airigh mé san aer timpeall orm é, nach gcuirfeadh muid aon cheist ar a chéile faoi gach ar tharla ó thráthnóna inné, mhothaigh mé i mo cholainn é, cosúil leis an áthas nó leis an mbrón, i mo bholg agus i mo scornach, taobh thiar de mo shúile, ar mo chraiceann, nach ndéanfadh muid trácht ar na rudaí ba mhó ar theastaigh míniú uainn orthu, fios ag an gceathrar againn go mbeadh muid ar an ngannchuid go dtí an tseachtain dár gcionn ach nach ndéanfadh Mama aon ól go ceann cúpla mí eile. D'airigh mé a súile uile sáite ionam agus mé tosaithe cheana féin ar an dara bloc a ghearradh, ainneoin na bpianta i mo lámh, mo ghualainn, mo dhroim.

Sos Cogaidh

Tá sé ráite le fada go bhfuil an domhan laghdaithe go mór ag na meáin chumarsáide: de bharr an dul chun cinn i gcúrsaí teicneolaíochta go bhfuil eolas ar fáil ar an bpointe faoi eachtraí ní hamháin ar an taobh eile den tír ach ar an taobh eile den domhan.

Níl sé seo fíor, nó, ar a laghad, déarfainn go bhfuil lúb ar lár ann.

Sa bhaile iargúlta seo againne ní raibh mórán bainte ag an gcogadh linne. Ní hin le rá nach gcloiseadh muid na tuairiscí ar an raidió (bhí mo cheann féin cois leapa agus d'éistinn rialta go leor—gach maidin, beagnach), nach léadh muid an mionscagadh sna nuachtáin (i dTigh Éamoinn a léinn iad agus iad fágtha ar an gcuntar i gcomhair na gcustaiméirí—sholáthraídís ábhar comhrá nuair a thagadh Roibeard Ó hEára agus muid ag ól tae agus ag caitheamh saighdíní, ag súil go dtiocfadh duine éigin isteach ag iarraidh orainn balla a phéinteáil, poll a líonadh isteach nó rud ar bith a chuirfeadh cúpla punt leis an dól, rud a tharlaíodh ó am go chéile) ná nach bhfeiceadh muid na huafáis ar an teilifís (ceann mór millteach i gcomhair na gcluichí peile i dTigh Mháirtín—díreach trasna an bhóthair ó Thigh Éamoinn: bhíodh muid ann ó am lóin ar aghaidh, ag cur tuairisc oibre, ag imirt púil, ag ól caife i ndiaidh caife, nó pionta dá mbeadh an t-airgead againn, rud annamh, faraor). Le tamall anuas bhí na drochscéalta ag baint na sál dá chéile. Níorbh fhéidir a shéanadh gurbh in olcas a bhí cúrsaí ag dul.

An teilifís sin, bhí de chumhacht aige na deora a bhaint asat, nó a bhaint as Roibeard ar aon nós—ní deora, le bheith cruinn faoi, ach bhíodh an oiread trua aige do na mairbh agus dá ngaolta gur bheag nach sileadh sé deoir—b'éard a dhéanadh sé a chloigeann a chroitheadh ó thaobh go taobh le Máirtín (Tigh Mháirtín—nuacht a sé) le teann éadóchais: tá an tóin ag titim as an saol, a deireadh sé. Tá, a deireadh Máirtín, tá an tóin ag titim as an saol. An teilifís chéanna, fearg a chuireadh sí ormsa: cén chaoi sa diabhal a bhféadfadh aon duine a leithéid de rud a dhéanamh, a d'fhiafraínn, nach mór an náire don tír a leithéid de scabhaitéirí a bheith ann? Chromadh Máirtín a chloigeann: tá an tóin ag titim as an saol, a deireadh sé.

Mar is léir díbh faoi seo, a léitheoirí, bhí Máirtín cineál ceanúil orainn beirt, nó an trua a bhí ann? Is cuma. Níos deireanaí san oíche chasadh Roibeard amhrán (amhrán brónach mar cheap sé go raibh an saol brónach) agus thugadh Máirtín deoch dó (agus domsa mar gur mise a chompánach) agus b'fhéidir go gceannaíodh duine éigin ceann eile dó ina dhiaidh sin (agus domsa, dá mbeadh an t-ádh liom). Ansin shiúladh muid soir le chéile, chasadh muid suas an bóithrín seo againne, d'óladh muid cúpla cupán tae i dteach Roibeaird agus bhreathnaíodh muid ar an teilifís (seancheann agus droch-chaoi air) sula bhfágainn slán aige chun siúl suas chuig mo theachín uaigneach féin.

Ach ansin tháinig an tAthrú.

Maidin amháin bhí muid i dTigh Éamoinn, agus b'iúd isteach chugainn Eibhlín Ní Chonchubhair. Ainnir. Agus rinne sí caol díreach orainne. Agus ansin shuigh sí síos eadrainn. Ní fhacthas í thart faoin mbaile le os cionn bliana—cá raibh sí? Imithe, dúirt sí. Ach anois tá mé tagtha ar ais. Bhí meangadh mór geal uirthi, bhí airgead aici agus bhí fonn na flaithiúlachta uirthi—mar gheall ar an dea-scéal. Nach bhfuil sé cloiste agaibh? D'ordaigh sí trí dheoch agus d'inis an dea-scéal seo dúinn. Díreach nuair a bhí gach duine ag ceapadh go raibh an tóin ar tí titim as an saol bhíothas tar éis an dea-scéal a chraobhscaoileadh: bhí sos cogaidh fógartha!

Sos cogaidh??

Rinne Eibhlín álainn cur síos dúinn ar a raibh cloiste aici sular bhreathnaigh sí idir an dá shúil orainn agus d'fhiafraigh cén tuairim a bhí againn faoin scéal. Mise, ní raibh a fhios agam faoin spéir anuas, agus Roibeard, bhuel, dúirt seisean go raibh iontas (iontas, a deir sé?) mór (iontas mór?) air faoin gcasadh nua seo i stair na tíre—rud a bhain gáire as Eibhlín, ach gáire ceanúil, mar a mhínigh sí agus leag a lámh ar ghualainn Roibeaird (agus d'fhág ann í tamall).

Thosaigh daoine ag teacht isteach agus an scéal ar bhéal gach duine acu, iad ar thóir eolais nó lena gcuid féin a chur leis an eolas a bhí bailithe cheana. Ba ghearr go raibh slua istigh agus Éamonn ag rith anonn is anall ag freastal ar an éileamh neamhghnách óil seo. Bhí gach duine ag caint ar an dóchas, daoine ar cheap mé nach mbeadh aon suim acu sa chogadh ar chor ar bith (cén fáth an dóchas seo?). Cúpla duine, d'fhógair siad go neamhbhalbh—bhí roinnt mhaith piontaí ar bord ag gach duine faoin am seo—go raibh áthas orthu (áthas?).

An oíche sin shiúil muid soir abhaile, mise agus Roibeard, agus Eibhlín in éindí linn, buidéal fuisce faoin ascaill aici. Bhí ceiliúradh beag i dteach Roibeaird againn agus ní cuimhin liom siúl abhaile cé go bhfuil pictiúr amháin greamaithe i m'intinn: Roibeard agus Eibhlín tite a chodladh in ucht a chéile ar an tolg, pluid caite agam orthu agus meangadh mór ar bhéal na beirte.

Le linn na laethanta ina dhiaidh sin tháinig an scéal chun soiléireachta. Ba léir, faoi dheireadh (ón raidió, ó na nuachtáin, ón teilifís) nach sos cogaidh a bhí ann ach deireadh iomlán leis an gcogadh. Dúirt roinnt gur dheacair é a chreidiúint ach ba chosúil gur chreid gach duine go huile is go hiomlán é. Bhí an comhairleoir contae anonn is anall idir Tigh Éamoinn agus Tigh Mháirtín agus cuma an-sásta air. Chuir sé mise agus Roibeard ag obair—thóg muid ardán le scafall agus cláir adhmaid ar an tsráid, d'íoc sé go maith as sular éirigh sé in airde agus d'fhógair don slua a bhí cruinnithe go raibh ré nua órga i ndán don tír agus mar sin de ach ba ghearr gur ghlac lucht ceoil agus damhsa seilbh ar an ócáid. Iarradh ar Roibeard amhrán a chasadh agus chas sé gach amhrán a bhí ar eolas aige, cuid acu faoi dhó. Tháinig sé ar bhosca ceoil áit éigin agus chuir sé na gothaí cuí air i measc na gceoltóirí eile, íocadh gach duine go maith, agus rinne Eibhlín damhsa aonair nó gur beag nár thit sí as a seasamh. Mise, d'iarr Máirtín ormsa tráidire mór deochanna a iompar amach i gcomhair na gceoltóirí agus na ndamhsóirí agus thug pionta agus leathcheann dom nuair a d'fhill mé, agus cúpla punt. Rug Éamonn orm agus d'iarr orm an rud ceannann céanna a dhéanamh, faoi dhó, dhá phionta agus dhá leathcheann a fuair mé, agus d'íoc sé faoi dhó mé, freisin. Tugadh an oiread deochanna do lucht na siamsaíochta agus a bhí ar a n-acmhainn a ól (an iomarca, mar a bheifí ag súil leis) agus ba chuma faoin drochthionchar a bhí aige sin ar an tseinm agus ar an gcoisíocht. Ba ghearr go raibh gach duine ar an tsráid ag canadh agus ag damhsa. Sa phlód mór brúdh mé in aghaidh Sara Reagan, tóin ar tóin. Rug muid barróg ar a chéile, dhiúil póg fhliuch cheanúil as béal a chéile agus d'iarr sí orm mo thuairim faoin nuacht. Iontas, dóchas, áthas! Ní dhearna mé ach greim a bhreith uirthi go ndearna muid *jive* fiáin le chéile tríd an slua, d'athraigh sé ina chineál *tango* aisteach ach chríochnaigh faoi dheireadh i *waltz* breá mall—rud a thug deis dom (bhí baint ag an ól leis, freisin) cogar a chur ina cluas, a rá léi go raibh súil agam uirthi riamh anall, agus d'fháisc sí chuici mé agus dúirt go raibh sí tar éis siúl amach óna fear agus a ceathrar gasúr. Agus le lán mo bhéil phóg mé í os comhair mhuintir uile an bhaile—ba chuma leo: bhí gach duine ag ceiliúradh gan srian. Deireadh iomlán leis an gcogadh! Iontas na n-iontas! Dóchas na ndóchas! Áthas na n-áthas!

Ach tar éis na póite cuireadh comhaireamh ar an tsóinseáil agus tosaíodh ar cheisteanna a chur. Nach aisteach nach raibh an scéal ar fad go cruinn ag na meáin chumarsáide? Ina suí cos-scartha orm sa leaba agus í ag claonadh ar leataobh ó am go chéile chun na stáisiúin a athrú, thug Sara faoi deara go raibh na craoltóirí raidió ag bréagnú a chéile. Ba léir dom go raibh an ceart aici. Agus, a d'fhiafraigh sí i nglór ard den raidió, cén uair a chloisfidh muid na glórtha nár ceadaíodh cheana?

I dTigh Éamoinn agus leigheas na póite á ól againn chuir Eibhlín na nuachtáin ó dhuine go duine eadrainn chun cur ar ár súile dúinn go raibh tuairisc i nuachtán amháin ag teacht glan salach ar thuairisc i nuachtán eile. Dúirt Roibeard gur léir don dall go raibh. Ar an teilifís an oíche sin i dTigh Mháirtín bhí sé ina fhleá ag na hiriseoirí agus iad faoi agallamh ag a chéile, iad uile ag rá go raibh a fhios acu le cúpla mí roimhe go raibh sos cogaidh ar na bacáin ach ba róléir dúinn nach amhlaidh a bhí. Phreab Sara suas ar a stól ard: cac—nach bhfuil sé thar am agaibhse, iriseoirí, trua a léiriú don dream nár thaispeáin sibh cheana ar an scáileán dúinn? Fuair sí bualadh bos ón slua. Chuaigh sí in airde ar an stól ansin: agus cén uair—ag scairteadh a bhí sí—a bheidh na scéalta nár scríobh sibh cheana le léamh, an leath eile den scéal nach raibh sé de mhisneach agaibh a phoibliú, a phaca scabhaitéirí? Dúirt Máirtín léi suí síos go beo nó go mbeárálfaí an ceathrar againn. Níos deireanaí taispeánadh clár a rinne súil siar ar an gcogadh, bhí agallaimh ann le daoine a bhí páirteach ar an dá thaobh, taispeánadh go leor seanscannán faoi eachtraí éagsúla. Chaith Eibhlín súil ghéar thart orainn. An sa tír seo a tógadh na pictiúir sin ar chor ar bith?

Bhí rud éigin as alt leis an scéal ar fad, nach raibh?

Ach tar éis cúpla lá baineadh an dallamullóg dínn

agus cuireadh ar an eolas muid. Strainséir ón taobh eile den tír a scaoil an rún leis an gceathrar againn thar chuntar Thigh Éamoinn, áit a raibh sé tar éis post páirtaimseartha a fháil ann. Seáinín, cairdiúil, fiosrach, suim aige san áit, sna daoine agus a gcuid nósanna, buíoch as an gcuntas a thug muid dó—chaith sé amach leathcheann an duine dúinn i ngan fhios d'Éamonn. Seáinín (i gcogar): sos cogaidh? Deireadh iomlán leis an gcogadh? Is é glan na fírinne é, a chairde, agus tá a fhios ag roinnt mhaith le fada an lá, nach raibh an cogadh ann riamh!

Baineadh stangadh asainn. Bhí na cluasa ar bior againn ach díreach ag an bpointe sin tháinig scata strainséirí suas chuig an gcuntar chun íoc as an mbricfeasta a bhí siad tar éis a chaitheamh. Iontach an scéal faoin gcogadh, deir duine de na strainséirí linne, ach bhí an chuma air gur ag magadh fúinn a bhí sé, an chuid eile acu ag sciotaíl le chéile. Baineadh an chaint dínn ar feadh cúpla soicind sular chas muid an sciotaíl ar ais leo nuair a leath na súile orthu ar fheiceáil an bhille dóibh—praghasanna na dturasóirí a d'iarr Seáinín orthu, bail ó Dhia air, ní raibh sé i bhfad ag foghlaim.

Seáinín: nach léir é, a chairde, don té a chaithfeadh géarchúis ar bith leis an scéal? Ní raibh sa chogadh ar fad ach cumadóireacht na meán cumarsáide. Seift chun a gcuid nuachtán a dhíol. Chun lucht éisteachta agus féachana a mhealladh. Chun fógraíocht a fháil. A gcuid jabanna a choinneáil, jabanna a ngaolta, a gcairde. Bréaga ar fad a bhí ann.

Trasna an bhóthair i dTigh Mháirtín phléigh muid an scéal eadrainn. Bhí cuma na fírinne air, nach raibh?

Nach muide na hamadáin? Cheap Sara nach raibh i lucht na meán cumarsáide uile ach paca cladhairí agus gur cheart an teilifís a chaitheamh isteach san fharraige, anois láithreach, agus bhí mise ar aon intinn léi agus mé ag preabadh suas anuas ar an stóilín le teann feirge. Bhí Eibhlín den tuairim mheáite nach raibh Seáinín le trust agus bhí Roibeard ar aon tuairim léi sa mhéid sin ach ag an am céanna, agus muid ag breathnú ó dhuine go duine, bhí sé aisteach mar scéal, nach raibh?

Tar éis cúpla lá bhí fear nua freastail ag obair i dTigh Mháirtín, strainséir eile. Bhuail Eibhlín bleid air. Fearghus (os ard): cinnte, cumadóireacht na meán cumarsáide a bhí ann, tá a fhios ag an saol mór anois, cogadh bréagach, sea. Nuair a thosaigh Sara ag cur mallachtaí agus ag bagairt díoltais ar na bastaird dúirt Fearghus nach raibh locht ar bith aigesean, go pearsanta, ar na meáin, agus nár cheart go lochtódh duine ar bith iad. Líon sé deoch an duine dúinn, ar an scláta mar a deir sé, agus mhínigh sé gach rud. Nach raibh go leor fostaíochta cruthaithe ag na meáin chumarsáide? Bhí, dúirt Sara. Fostaíocht, ní hamháin sna meáin chumarsáide ach sna gnólachtaí uile a bhí ag brath orthu? Bhí, is dóigh, dúirt Roibeard. Nach bréaga riachtanacha iad, ar mhaithe le geilleagar na tíre a chur chun cinn? Is ea, dúirt mise. Agus nach bhfuil gach gné den gheilleagar fite fuaite le gach gné eile den gheilleagar sa chaoi gur ar leas na tíre é an rud ar fad a choinneáil ar a sheanrith, fiú más le bréaga é? Ní dúirt Eibhlín tada. Thosaigh Fearghus ansin ag cur síos dúinn ar chaipitleachas, ar chumannachas, ar ainrialachas, ar aisteachas éigin agus ní cuimhin liom céard eile ach go raibh cuma mheabhrach chiallmhar ardéirimiúil ar a chuid cainte agus go raibh sí thar a bheith fadálach. Mise, ag cuimilt cos le Sara faoin gcuntar a bhí mé ar deireadh (cén chaoi ar mhair mé cheana gan an bhean seo?).

Chun an fhírinne a rá chreidfeadh muid rud ar bith an tráth sin, sna seachtainí tar éis an tsosa chogaidh. Ach bhí mise i ngrá le Sara agus bhí Sara i ngrá liomsa, bhí Roibeard i ngrá le hEibhlín agus Eibhlín i ngrá le Roibeard agus nach cuma ar deireadh thiar thall? Ach—an geilleagar seo, ar cheap muid gur míniú inchreidte é ar na bréaga a insíodh dúinn? Ba é tuairim Eibhlín nach raibh an geilleagar faoi stiúir ag dream ar bith, nach raibh ann ach thuas seal thíos seal, gur rud é a bhí ró-éagsúil, róchasta, róneamhchúiseach agus ró-ilghnéitheach chun go mbeadh sé faoi stiúir ag dream ar bith, ach oiread leis an aimsir, mar shampla, nó an chinniúint. Dá bhrí sin, bhí údar eile leis an gcogadh bréagach seo, nach raibh? Bhí an ceart go hiomlán aici, dúirt Roibeard, d'aontaigh mise leis sin agus dúirt Sara go raibh sí ag iarraidh dul le haghaidh cúpla deoch.

Ar ndóigh, faoin am seo bhí muid beáráilte as an dá theach tábhairne, fiú dá mbeadh spás ann agus iad dubh le strainséirí ó mhaidin go hoíche. Ar an gcosán a shuíodh muid ag ól cannaí—bhí siad sásta iad sin a dhíol linn, Máirtín agus Éamonn. Agus bhíodh Gerry ar an tsráid freisin, strainséir eile ag faire na faille le go bhfaigheadh sé obair i dTigh Éamoinn nó i dTigh Mháirtín, sa siopa nó áit ar bith. Agus bhí freagraí aige sin ar ár gceisteanna. Cén fáth ar cumadh an cogadh seo? Ar mhaithe leis an ngeilleagar seo, a Gerry? Gerry: seafóid é sin. Tá sé chomh simplí seo. Níl ann ach drochghiúmar na ndaoine. Is é sin le rá gur cumadh an cogadh le go mbeadh údar clamhsáin ag muintir na tíre seo, leithscéal as bheith chomh tugtha don ghruaim. Ar an gcaoi sin bhí daoine in ann leanúint ar aghaidh leis an saol seachas dul as a meabhair ar fad. Bhreathnaigh mise ar Sara, bhreathnaigh Sara ar Roibeard, bhreathnaigh muid uile ar Eibhlín. Rinne sí a machnamh, ansin sméid sí a cloigeann: gruaim, bhí ciall leis sin, mar mhíniú. Ach amháin, dúirt sí, mar aguisín: an bhfuil duine ar bith in ann a mhíniú cén fáth a bhfuil na daoine chomh tugtha don ghruaim sa chéad áit? Bhreathnaigh muid uile ar ais ar Gerry. Gerry: céard eile ach an drochaimsir? Bhí sé chomh soiléir sin tar éis an iomláin. Nárbh fhusa dúinne é sin a thuiscint agus gan foscadh ar bith againn ar an doineann ón aigéan mór aniar? An tsíorbháisteach + an tsíorghaoth = an tsíorghruaim.

Bhí gach rud chomh simplí ar deireadh thiar thall.

Bhí mo lámha timpeall ar chom Sara agus muid ag siúl abhaile, bhí Eibhlín crochta as Roibeard agus iad ag crúbáil a chéile go neamhnáireach neamhleithscéalach agus bhí mise agus Sara ag dul abhaile chun grá aoibhinn allasach álainn a dhéanamh, grá arís, arís agus arís.

De phreab bhí Sara ina suí suas sa leaba ar maidin, strainc uirthi. Céard é, a stór? Ach nach mbíonn an corrlá deas ann? Bíonn, is dóigh, a d'fhreagair mé. Inné, mar shampla—nach raibh an ghrian ag scalladh ó mhaidin? Agus arú inné—an tarra ag leá ar na bóithre? Triomach le cúpla mí anuas? Nár aistríodh na daoine ó na hoileáin amach go dtí an mhórthír de bharr an ghanntanais uisce an bhliain seo caite? Nach siar i seanaimsir ár sinsear a bhíodh an tsíordhoineann? Gan ach bráillín an duine caite timpeall orainn rith muid síos an bóithrín ach chas muid le Roibeard agus Eibhlín ar a mbealach aníos, bráillíní casta timpeall orthu freisin—bhí siadsan tar éis teacht ar an tuairim cheannann chéanna díreach ag an am ceannann céanna. Gerry: bréagadóir eile ag magadh fúinn.

Diabhal a fhios ag duine ar bith againn níos mó. Bhí gach rud bunoscionn. Fiú na nuachtáin, ní raibh siad ar fáil le tamall maith anuas. Agus na stáisiúin raidió—ina dtost. Gan pictiúr ar bith le feiceáil ar an teilifís ach oiread. Níor chuir muid muinín ar bith i scéalta na strainséirí níos mó agus iad tagtha ina mílte anois, tithe soghluaiste i línte ar thaobh an bhóthair mhóir acu, veaineanna móra acu ag díol sceallóg, pubaill mhóra sna garraithe gan cead, campaí acu ar fud na trá, iad ag iarraidh jabanna mhuintir na háite a thógáil, ag déircínteacht ar na bóithre nó ag fánaíocht thart díomhaoin.

Ansin, maidin amháin croitheadh an baile ar fad le pléasc ollmhór. Caitheadh amach as an leaba mé agus thit Sara sa mhullach orm. Rith muid amach agus bhreathnaigh suas ar an spéir, timpeall ar na garraithe, na claíocha, na sceacha. Bhí gach rud mar a bhíodh. Chuaigh muid síos chuig Roibeard agus Eibhlín: caitheadh iad sin amach as an leaba freisin. Céard in ainm Dé a bhí ann? An raidió, dúirt Roibeard. Chuir sé air é agus d'éist muid leis an sioscadh nó gur aimsigh muid glór caillte ann faoi dheireadh, glór a chuaigh chun soiléireachta de réir a chéile—cé nár éirigh linn na focail a dhéanamh amach ba léir gur glór sollúnta é, glór a chuala muid áit éigin cheana, polaiteoir, easpag nó ceannaire míleata éigin. An teilifís, chuir sé air í sin freisin agus shuigh mé os a comhair agus Roibeard ag casadh na gcnaipí timpeall agus timpeall, an aeróg á bogadh suas anuas siar aniar aige, ag iarraidh stáisiún éigin a aimsiú. Sa tráthnóna d'imigh Eibhlín—ar ais chuig an ospidéal meabhairghalair, áit a raibh sí le os cionn bliana, d'admhaigh sí. Agus Sara—d'imigh sise ar ais chuig a fear céile agus a ceathrar gasúr. Fágadh mise agus Roibeard ag breathnú ar an spota beag bán i lár an scáileáin ag méadú in aghaidh an lae nó gur taibhsíodh éadan taobh thiar den sneachta, cruth doiléir a d'aithin muid ó áit éigin, an béal ag oibriú ach gan ghlór ar bith le cloisteáil cuma cén casadh a rinne Roibeard ar na cnaipí, cén bogadh a thugadh sé don aeróg.

Go moch an mhaidin dár gcionn shiúil an bheirt againn síos an bóithrín agus siar chuig an sráidbhaile. Bhí na strainséirí uile imithe, bruscar fágtha gach áit acu. Shroich muid an siopa, sheas go ciúin ansin gur chuala muid inneall an bhus anoir an bóthar, ghéaraigh muid ár súile ar an tiománaí agus é ag teannadh go mall orainn, d'fhair muid gach uile mhionghluaiseacht a rinne sé: a lámh dheis ag smúrthacht le fáiscín na fuinneoige sular shleamhnaigh sé siar í, a lámh chlé ag breith ar bheartán éigin ar an urlár faoi, a shúile go fadradharcach ag iarraidh an seoladh a léamh, é á aistriú go dtí a lámh dheis, agus ansin, leathshúil ar an mbóthar roimhe, leathshúil ar thairseach dhoras an tsiopa, chaith sé an rolla nuachtán amach gur rolláil sé caol díreach chugainne. Sciob Roibeard scian as a phóca, ghearr an ruóg agus lig don rolla oscailt amach ar chothrom talún, dhá scór nuachtán lánbhreactha le colúin chló, ceannteidil, ailt, grianghraif, fógraí agus gach uile rud. Lenár gceithre lámh, go fuadrach, d'ardaigh muid an chéad nuachtán. Léigh muid an nuacht: níor thitim tóna go dtí é.

Cumadh

Mise agus Pádraigín, bhí muid ar an mbealach abhaile ón scoil an lá seo nuair a chonaic muid an bhean scréachach. Bhí mála amháin sceallóg ceannaithe eadrainn, súil caite ar na póstaeir i bhfuinneog na pictiúrlainne agus muid inár seasamh in aice leis an siopa ceoil, ag ithe, ag éisteacht, ag moilleadóireacht. Chomh luath agus a chuala muid í rith muid timpeall an choirnéil. Agus b'in í i lár na sráide, cloigeann caite siar agus í ag scréachach go hard suas ar an spéir.

Timpeall uirthi, á brú agus á tarraingt chun í a threorú síos an tsráid, bhí scata daoine: fear ar thaobh amháin di, bean ar an taobh eile agus greim ascaillí agus guaillí acu uirthi; beirt fhear taobh thiar di, cloigne caite síos, dromanna cromtha, cosa i ndiaidh a chéile ag dul i dtaca chun í a chur ag gluaiseacht go mall chun tosaigh le rithim stadach siúil; beirt bhan ar a haghaidh amach agus greim acu ar gach aon rosta agus uillinn uirthi, duine acu ag breathnú isteach ina héadan, ag caint go séimh léi, tóg go réidh é, a stór, go réidh a chuid, go réidh anois, an duine eile ag breathnú roimpi, a béal ag aithris go balbh ar fhocail na mná eile; fear, cúpla coiscéim chun tosaigh orthu ar fad, ag siúl ar gcúl, ag breathnú ó thaobh go taobh na sráide, mífhoighne ina ghlór, siúil leat, maith an bhean thú, siúil. Nuair a leag sé sin súil orainne inár seasamh ar imeall an chosáin scairt sé orainn, fearg ina ghlór anois, greadaigí libh abhaile, greadaigí. Ghread muid linn, ach stop arís chun breathnú siar nó gur imigh an scata as radharc timpeall an choirnéil, agus d'fhan muid tamall ina dhiaidh sin arís, nó gur imigh an scréachach as éisteacht.

Shuigh muid ag ól sú oráiste agus ag ithe brioscaí i dteach Phádraigín agus d'inis sí an scéal ar fad dá máthair. Níor fhéad sise aon mhíniú a thabhairt ar an eachtra, ach oiread le mo mháthair féin go gairid ina dhiaidh sin agus tuilleadh sú oráiste agus brioscaí leagtha aici ar bhord na cistine romhainn. Níos deireanaí cheistigh mé m'athair agus é fillte ón obair, mar a cheistigh Pádraigín a hathair sise. Ba bheag an tsuim a chuir ceachtar acu sa scéal ach a rá gur chosúil gur as a meabhair a bhí an bhean bhocht, ar nós gur mhíniú ann féin é sin. Phléigh muid an scéal le chéile agus muid ag spraoi tar éis an dinnéir sa seanchoiréal ar chúl na dtithe, chum muid saol* di a mhíneodh a scréachach agus muid ag ciceáil cloch thart, ag leagan fiailí le maidí agus, ar ndóigh, ag éisteacht le macallaí ár scréachaí féin in aghaidh na n-aillte.

---

*Is mé an duine is sine de thriúr clainne. Ó bhí mé an-óg bhí m'athair ag tabhairt mí-úsáide gnéis orm. Faoin am a raibh mé i mo dhéagóir an rud a dtabharfaí banéigniú air a bhí i gceist. Mo bheirt dheartháireacha chomh maith, bhí an rud céanna ar siúl acu liom ag an tréimhse sin, cé gur de bharr

Ar scoil an lá dár gcionn fuair muid an t-eolas. Bhí cogarnaíl agus caint rúnda le cloisteáil ó dheasc go deasc, sna dorchlaí agus sna leithris, sonraí agus fíricí le bailiú i gcúinní an chlóis, timpeall ar an mballa agus ceapairí á n-ithe, bainne á ól. Faoin am a raibh muid ag siúl abhaile bhí a fhios againn gur á tabhairt chuig teach an dochtúra a bhí an scata fear agus ban, gur tugadh instealladh di ann a chuir ar a suaimhneas í, bhí a fhios againn cén t-ainm agus sloinne a bhí uirthi, cén t-ainm a bhí ar an mbaile beag fearainn arbh as di, cén leagan amach a bhí ar an gceantar máguaird. De réir gach scéil b'fhíorannamh a d'fheictí í, fiú ina sráidbhaile féin, ach amháin agus í ag dul chuig aifreann a deich ar an Domhnach, gach Domhnach.

---

brú a rinne an deartháir óg é. Fuair mo mháthair bás i dtimpiste bhóthair agus mé óg, níl ach cuimhne amháin fanta agam uirthi, í droim le balla sa chistin agus m'athair ina sheasamh os a comhair ag tarraingt buille i ndiaidh buille ar a cíocha, ar chlé, ar dheis, go mall. Ba dheacair dom an rud a thuiscint ar feadh na mblianta, bhí deora i súile m'athar agus súile mo mháthar tirim, a cloigeann iontaithe ar leataobh uaidh. Bhí faoiseamh de shaghas éigin agam nuair a d'fhág mé an scoil agus fuair post i siopa. Bhí mo sheomra féin agam in árasán le cailíní eile. Tháinig deireadh leis sin nuair ba léir go raibh mé ag iompar. Fear an tsiopa ba chúis leis, bhí sé i ngrá liom, mar a cheap mé, mar a cheap sé féin, b'fhéidir, é chun imeacht óna bhean a d'oibríodh sa siopa liom amanna, scéal chomh seanmheirgeach nach fiú é a insint. Marbhghin a rugadh dom agus chaith mé sé mhí san ospidéal i mbaol mo bháis. Aon chaidreamh collaí a bhí agam ina dhiaidh sin níor tháinig aon toradh dá bharr cé nach n-úsáidinn aon fhrithghiniúint. Tar éis an ospidéil chaith mé roinnt blianta sa bhaile mór, ag obair i monarcha, i mo chónaí in árasán singil. Ansin bhí mé ar ais sa bhaile. M'athair, bhí sé tinn le hailse agus fuair sé bás mall. Fear a raibh ardmheas air i measc an phobail de réir an phíosa a scríobhadh faoi sa nuachtán áitiúil. Tugadh moladh mór domsa ann as an aire a thug mé dó ar leaba a bháis. Ní dhearnadh aon tagairt ann do mo bheirt dheartháireacha. Tá duine acu ina shagart ar an taobh eile den domhan. Chuir mé teileagram chuige ach níor tháinig sé chuig an tsochraid, ach oiread le Liamín, an deartháir eile, cé nach bhfuil seisean ina chónaí ach míle uaim. Níor labhair muid le chéile le blianta. Tá sé chomh marbh domsa is atá mo Mhama sa reilig.

An Domhnach dár gcionn d'éirigh muid go moch agus chas le chéile, mar a bhí socraithe, ar an taobh eile den choiréal, áit a raibh coill mhór. Bhí roinnt taiscéalaíochta déanta againn cheana ar imeall na coille seo, ach anois shiúil muid díreach tríthi gur tháinig amach, tamall maith ina dhiaidh, i bpáirc mhór leathan. Lean muid orainn trí na páirceanna eile a bhí romhainn, trasna na gcnocán, timpeall imeall an locha, anonn an seanbhóithrín tréigthe a thug amach muid faoi dheireadh ar an mbóthar le dromchla tarra agus crainn arda ar dhá thaobh de. Shiúil muid linn faoi scáth na gcrann, ag dul thar na tithe beaga nó gur tháinig muid go dtí an crosbhóthar a raibh an siopa ann, an teach tábhairne agus, thíos ar chlé, an séipéal.

Bhí muid luath. Shuigh muid ar an mballa trasna an bhóthair ón séipéal agus d'fhan. Tar éis tamaill chonaic muid fear ag siúl chugainn ón gcrosbhóthar, fear cromtha, le maide siúil. Nuair a shroich sé an séipéal bhrúigh sé ceann de na geataí arda isteach agus leag cloch ag a bhun, rud a choinnigh ar oscailt é. Ansin, stán sé trasna orainne. Bhí an chuma air, cheap muid, go raibh sé chun siúl trasna agus fiafraí dínn cé muid féin, céard a bhí ar siúl againn anseo, an ruaig a chur orainn, b'fhéidir. Ach shiúil sé leis go mall bacach tríd an ngeata, chas ar leataobh suas an cosán suiminte faoi na fuinneoga cúnga bioracha. Bhain sé a chaipín de, caipín píce seanchaite, sular imigh sé as radharc orainn, timpeall go cúl an tséipéil. D'fhan muid.

De réir a chéile thosaigh na daoine ag teacht, i gcarranna, ar rothair, de shiúl na gcos. Bhí sean agus óg ann, mná, fir, lánúineacha, daoine aonaracha, gasúir, déagóirí, iad uile gléasta in éadaí maithe slachtmhara. Gnáthéadaí a bhí orainne, geansaithe, brístí deinime, bróga boga canbháis, giobail i gcomparáid leis na seaicéid dhorcha, na brístí míne, na bróga snasta, na léinte geala agus carbhait, na gúnaí fada, na hataí daite agus málaí láimhe. Stán cuid de na daoine trasna orainn, chaith cuid acu súil síos aníos orainn, cuid eile thug siad spléachadh gearr orainn, níor bhac cuid eile linn ar chor ar bith.

Faoi dheireadh d'aimsigh muid ag teacht í. Chuaigh muid trasna, d'fhan in aice leis na ráillí agus ansin lean muid í tríd an ngeata, suas na céimeanna agus isteach trí na doirse móra adhmaid. Istigh, shiúil sí suas idir na sraitheanna de shuíocháin fhada gur stop leath bealaigh, chrom ar leathghlúin meandairín, shleamhnaigh isteach sa lár agus chuaigh ar a glúine, tóin leathshuite ar an suíochán, uillinneacha crochta ar dhroim an tsuíocháin roimpi. Chuaigh muide isteach sa suíochán díreach taobh thiar di agus shuigh, ag breathnú timpeall orainn, ar na fraitheacha os ár gcionn, na fuinneoga geala breactha le cruthanna beaga daite, na pictiúir crochta ar na ballaí, na coinnleoirí órga leis na coinnle arda thuas ar an altóir, na dealbha agus eile.

Thosaigh an t-aifreann. Ní raibh sé ródheacair dúinn é a leanúint: sheas muid nuair a sheas gach duine eile; shuigh muid nuair a shuigh siad; chuaigh ar ár nglúine, an dá chrúb curtha le chéile. Tar éis tamaill thosaigh daoine ag éirí agus ag gluaiseacht in dhá scuaine suas chuig an altóir. Nuair a d'éirigh an bhean scréachach d'éirigh muide freisin. Ghlac muid áit sa scuaine taobh thiar di agus ghluais go mall suas go dtí an altóir agus rinne aithris uirthi: dul síos ar ár nglúine ag an ráille marmair, an rud beag bán a ghlacadh, é a ithe agus filleadh ar ár suíochán.

Nuair a bhí deireadh leis an aifreann lean muid amach í chomh fada leis an ngeata ach lig muid di imeacht léi i measc an tslua. Muide, chuaigh muid chuig an reilig, breathnú ar na leaca, na hainmneacha, na dátaí, na rannta beaga. Bhí roinnt daoine eile ann, ina seasamh thart ar na huaigheanna, lámha le chéile, cloigne cromtha.

Ansin bhí sé thar am dul abhaile. Bhí geataí le hoscailt ar dhá cheann an tseanbhóithrín, paistí fliucha le seachaint taobh an locha, ballaí le dreapadh ag bun na gcnocán, sreangán deilgneach le cromadh faoi idir na páirceanna, cosáin le haimsiú tríd an gcoill, radharcanna le feiceáil. I mo theachsa shlog muid an sú oráiste agus muid caite sa tolg, cosa sínte amach ar bhoirdín, d'alp muid brioscaí agus d'fhan ag breathnú ar an teilifís nó gur éirigh mo thuismitheoirí. Ansin chuaigh muid chuig teach Phádraigín.

Gach Domhnach ina dhiaidh sin dhéanadh muid an rud céanna, éirí go moch, siúl go dtí an baile beag fearainn, fanacht ag an séipéal leis an mbean scréachach, dul chuig an aifreann ina diaidh. Domhnach amháin, seachas dul chuig an reilig tar éis an aifrinn, lean muid abhaile í. D'fhan muid thart ar gheata an tí nó gur tháinig sí chuig an doras agus d'fhiafraigh dínn céard a bhí uainn. Dúirt sí go raibh sé chomh maith dúinn teacht isteach. Ar thaitin sú oráiste linn, brioscaí?

Istigh d'fhiafraigh sí cé na hainmneacha a bhí orainn, cén aois muid, cé hiad ár dtuismitheoirí, na comharsana. D'inis muid di, agus d'inis faoin aistear mór fada a bhí curtha againn dínn ar maidin, faoin aicearra a rinne muid amach dúinn féin, d'inis di faoin lá a bhfaca muid í, faoin aifreann agus gach rud. Dúirt sí gurbh iontach na gasúir muid, go raibh misneach mór againn, nach bhféadfadh sí gasúir níos fearr a chumadh di féin. Bhí muid chomh cosúil lena chéile, dúirt sí agus í ag breathnú trasna bhord na cistine orainn, cúpla muid, ligfeadh sí uirthi gur cúpla muid a rugadh di, a thóg sí ina bealach féin. Bhí a súile i bhfad ó láthair anois, dírithe áit éigin taobh amuigh den fhuinneog. Bhreathnaigh muide ar a chéile, mise agus Pádraigín. Cén tuiscint a bheadh againne ar a leithéid de chaint? Rinne muid cur síos di ar na radharcanna iontacha a bhí feicthe againn: maide rámha i mbád ceangailte le slabhra agus glas daingean air; trí chrann ar thaobh cnoic agus grian na maidine ag síneadh scáthanna na stoc anuas orainn; seantarracóir meirgeach leathcheilte i bhfásach neantóg, féar agus cúpla bláth buí ag fás sa suíochán; crann leagtha, na fréamhacha san aer, clocha móra agus beaga i bhfostú iontu, cré sheantriomaithe, cosúil le cloigeann gruagach seanfhir, cheap muid. Shil sí deora, dhún an nuachtán Domhnaigh, d'fhill agus leag ar leataobh an bhoird é, dúirt go raibh an t-ádh linn, aos óg an lae inniu, muid ag fás suas i sochaí a bhí sásta na seanrúin a scaoileadh, scéalta gránna ceilte a nochtadh don saol mór, cuma faoin raic, faoin náire, an fhírinne a bhí uathu. Bhí sí cinnte, dúirt sí, go mbeadh saol níos fearr againne dá bharr, agamsa agus ag Pádraigín.

Bhí mo thuismitheoirí ina suí nuair a bhain muid an baile amach, agus imní orthu. Tháinig glao gutháin uair an chloig níos luaithe. Máthair Phádraigín a bhí ann. Ba ghearr gur tuigeadh gur ghlac sí leis gur ansin a bhí muid agus gur ghlac mo mháthairse, a d'fhreagair an glao, gur i dteach Phádraigín a bhí muid. Bhí fuadar ann agus ba é an deireadh a bhí leis go ndeachaigh m'athair amach chomh fada leis an seanchoiréal dár gcuardach. Cá raibh muid? Dúirt mé gur sa choiréal a bhí muid ach go ndeachaigh muid suas sa choill ansin, áit a raibh muid ag faire ar éin. D'fhiafraigh mé de m'athair an raibh ainmneacha na n-éan ar eolas aige, agus an gceannódh sé lámhleabhar dom. Ansin chuaigh muid chuig teach Phádraigín.

An chéad Domhnach eile níor tháinig an bhean scréachach chuig an aifreann. D'fhan muid trasna an bhóthair agus bhreathnaigh ar gach bean a shiúil trí na geataí. Nuair ba léir nach raibh duine ar bith eile le teacht, agus an t-aifreann tosaithe cheana féin, chuaigh muid isteach agus shuigh sa suíochán deiridh ag scrúdú chúl na gcloigne. Ag an am cuí ghlac muid áit sa scuaine chuig an altóir agus ar an mbealach ar ais bhí deis againn gach uile dhuine sa séipéal a fheiceáil, ach ní fhaca muid í. Roimh dheireadh an aifrinn chuaigh muid amach agus d'fhan ag na geataí chun gach duine den slua a ghrinniú agus iad ag imeacht nó ag casadh chun dul chuig an reilig. Nuair a bhí gach duine tagtha amach chuaigh muid isteach sa séipéal arís agus shiúil thart. Fiú, d'oscail muid doirse, bhreathnaigh taobh thiar de chuirtíní, chuaigh suas staighre bíse, chuardaigh gach cúinne rúnda. Taobh amuigh arís, tháinig an fear cromtha anuas an cosán suiminte faoi na fuinneoga cúnga bioracha. D'fhiafraigh muid de an raibh aifreann ar bith eile ann. Chroith sé a chloigeann go mall ó thaobh go taobh. Ní raibh ach an t-aon aifreann Domhnaigh amháin sa séipéal seo? Chrom sé a chloigeann go mall, síos aníos, a shúile orainn i gcónaí. D'imigh muid linn i dtreo an chrosbhóthair, ag breathnú siar ar an bhfear agus an geata á dhúnadh aige, ag siúl go bacach inár ndiaidh.

Is dóigh gur stop an bhean scréachach ag dul chuig an aifreann. Ní fhaca muid í cé go mbíodh muid ag éirí go moch gach Domhnach, taisteal go dtí an séipéal, faire roimh an aifreann, lena linn agus ina dhiaidh.

Ba ghearr gur stop muid féin ag dul ag an aifreann. D'éirigh muid tuirseach de. Bhíodh muid inár suí go moch ar an Domhnach maith go leor, ach dhéanadh muid moill ar an aistear: shuíodh muid sa bhád, d'oibríodh muid na maidí rámha, ligean orainn féin gur ag iomramh amach ar an loch a bhí muid; leagadh muid na neantóga timpeall ar an seantarracóir, agus bhí na rothaí á nochtadh in aghaidh na seachtainí, an t-inneall, an t-uimhirphláta; dhreapadh muid suas ar fhréamhacha an chrainn leagtha, shiúladh muid, ritheadh muid, rinceadh muid anonn is anall ar an stoc; sheasadh muid cúl le gréin idir stoc na dtrí chrann, d'ardaíodh muid lámh amháin, lámh eile, cosa, léimeadh muid, chromadh muid, chun ár scáthanna a fheiceáil ag síneadh síos taobh an chnoic. Sin mar a bhí, faoi dheireadh ba spéisiúla dúinn iad sin ná an bhean scréachach, ná fanacht os comhair gheataí an tséipéil, siúl isteach, suí, seasamh, dul síos ar na glúine, dul suas agus anuas ón altóir, moilleadóireacht.

Baile na gCoillteán

Samhlaigh pictiúr, grianghraf, scéal, tuairisc eisiach ón gcogadh a bheadh úrnua, grianghraf mór daite ar an gcéad leathanach, scéal a tharraingeodh raic (mar ba dhual don nuachtán seo againne) a gcosnódh muid muid féin air le heagarfhocal faoi uafás na cogaíochta, scéal barbartha brúidiúil nár insíodh riamh cheana, ar leasc le haon nuachtán eile tabhairt faoi. Agus thuig mé (chuir mé ina luí ar an eagarthóir) nach raibh ach an t-aon scéal amháin a dhéanfadh cúis, pictiúr amháin a mheallfadh na súile, tuairisc a bhéarfadh greim doscaoilte ar lucht léite an nuachtáin, agus nach mbeadh sé de mhisneach ach ag duine amháin (mise) dul ar thóir an scéil dhearmadta seo—Baile na gCoillteán.

Ag an aerphort sheachain mé súile na saighdiúirí a bhí ag grinniú na bpaisinéirí agus muid ag siúl ón eitleán, ligean orainn gur chuma linn fúthu (sin a bhí mise a dhéanamh, ar aon nós), gurbh í an aeráid a bhí ag cur as dúinn, an teas marbhánta. Lucht an chustaim, ní dúirt siad tada liom nuair a thaispeáin mé an pas, an cárta preasa, níor chuardaigh siad mo mhála fiú.

Ach d'aithin mé go raibh mé aimsithe acu.

Taobh amuigh chuardaigh siad mé, seisear saighdiúirí a shiúil suas agus a sheas timpeall orm, ag fanacht le tacsaí a bhí mé, nós cuma liom, an aeráid, an teas, thosaigh duine acu do mo cheistiú, neart ceisteanna agus scrúdaigh sé mo phas, gach uile leathanach de, mo chárta preasa freisin, chuir siad é sin ó dhuine go duine, d'iarr orm mo mhála a oscailt, raidhfilí dírithe síos orm fad is a bhí mé cromtha ar an gcosán agus a raibh istigh ann a bhaint amach, gach rud, T-léinte, ceamara agus scannáin, brístí, téipthaifeadán agus caiséid, dhá chéad toitín, leathbhuidéal fuisce, fobhrístí, cúpla rud fánach eile, scuaibín fiacla, taos, tá dearmad déanta agam ach gach rud, ag iarraidh gach rud a fheiceáil a bhí siad.

Thuig mé go maith, ag cur as dom a bhí siad, féachaint cén tionchar a bheadh aige sin orm. Nuair a aithníonn a leithéid go bhfuil faitíos ort rompu bíonn tú i mbaol i ndáiríre. Má thugann tú aghaidh orthu, nó má thugann tú leid go mbeifeá sásta a ndúshlán a thabhairt, cuma má bhíonn tú thíos leis, beidh meas áirithe acu ort, b'fhéidir nach mbacfaidh siad le ceap magaidh a dhéanamh díot, thú a bhualadh, nó níos measa.

Go raibh maith agat, dúirt duine acu, fáilte, dúirt mé féin ach d'fhan gach duine acu, seisear i gciorcal timpeall orm gur athlíon mé mo mhála, gach rud, gach uile rud caite i mullach a chéile (bolgam fuisce a bhí uaim, bolgam eile agus toitín iomlán, toitín eile ansin), idir teas agus faitíos sna braonta allais a bhí ag sileadh orm. Ansin mo phócaí, gach rud, bosca toitíní, lastóir, naipcín, eochracha agus ansin an tiachóg, cártaí creidmheasa, cártaí bainc, cúpla cárta gnó, airgead agus seiceanna taistil, gléas beag taifeadta a chuir siad ó dhuine go duine, ag iarraidh éisteacht leis an téipín a bhí istigh ann, fós glan, dúirt mé leo go raibh ach bhí sé ar nós nár chuala siad mé, lean orthu ag labhairt le chéile i gcanúint de shaghas éigin, maslaí, déarfainn, boladh bréan anála uathu, iad ag tochas faoina n-ascaillí, i ngabhail a mbrístí, a dtóineanna.

Bhí mé scanraithe i ndáiríre anois, ní raibh sé de mhisneach agam focal a rá. I gceann cúpla nóiméad eile, dúirt mé liom féin, beidh sé seo uile thart (an mbeidh?), an chéad chontúirt curtha díom, mé sásta liom féin, an misneach ag borradh ionam, ag cuardach beár de shaghas éigin a bheidh mé, deoch a ól, deoch fhuar, toitín a chaitheamh ar mo shuaimhneas, todóg b'fhéidir, nóta airgid a chur go discréideach i mbos fhear an tí, eolas i gcogar i mo chluas (in ospidéal a bheidh mé, i gcillín lofa, díbeartha ón tír, imithe de dhroim an domhain gan tásc gan tuairisc?).

Thug fear an tacsaí (ba bheag nár fholmhaigh sé an buidéal nuair a thairg mé dó é, dúirt mé leis an bosca toitíní a choinneáil) go hóstán na n-iriseoirí iasachta mé. Tar éis socrú isteach, cith, athrú éadaí, greim le hithe, chuir mé mé féin in aithne dóibh sa bheár. Chaith muid an oíche ag ól, caitheamh toitíní agus todóga, imeacht agus filleadh ón leithreas (dream iad nár fhág an t-óstán ó tháinig siad, ba chosúil), roinnt scéalta ar a chéile agus araile, go dtí, ar deireadh, mheas mé a dhóthain muintearais a bheith déanta go bhféadfainn eolas faoin gcogadh a iarraidh orthu. Cheapfá go raibh geis éigin briste agam, an chaoi ar bhreathnaigh siad orm. Thosaigh duine ag caint liom, beirt, iad uile ansin, caint faoin gcogadh, mar a cheap siad ach ní raibh ann ach an gnáthchac, na gnáthscéalta, sean-nathanna agus meirg orthu.

Tá iriseoirí ann, dream a bhreathnaíonn go sollúnta idir an dá shúil ort agus insíonn duit pé rud a mbeifeá ag súil leis.

Ar chuala sibh trácht riamh ar Bhaile na gCoillteán? Geis eile briste agam, tost, súile ag dul ó dhuine go duine (imní, déarfainn, déistin, fiú). Gan fiacail a chur ann, mhínigh mé dóibh nárbh é an gnáthchac a bhí uaimse, na gnáthscéalta, sean-nathanna agus meirg orthu ach scéal úrnua, pictiúr a chuirfeadh gné éigin den chogaíocht in iúl, brúidiúlacht, barbarthacht, uafás, díth céille na cogaíochta, tá a fhios agaibh féin.

Bhí a fhios agam go n-éireodh liom. Fuair mé uimhir ghutháin uathu.

Iriseoir áitiúil a bhí ann. Ní raibh aon sifil ag baint leis an bhfear seo. I mbeagán focal dúirt mé leis céard a bhí uaim, dúirt seisean liom go mbeadh sé sásta mé a thabhairt ann, nó gar go leor dó, an lá dár gcionn. Ar phraghas, ar ndóigh, airgead tirim, thíos roimh ré.

Ar maidin fuair mé an t-airgead ón mbanc (istigh san óstán a bhí sé) agus shuigh sa bheár, ag fanacht leis an gcoinne. Cheannaigh mé deoch agus bosca toitíní dó nuair a tháinig sé (uair an chloig mall). Cén uair a bheidh muid ag imeacht? Chomh luath agus is féidir, a dúirt sé. Bhí turas an-fhada romhainn, ní raibh sé sábháilte tiomáint san oíche, ní sa cheantar sin, ar aon nós. Ach i dtosach chuirfeadh sé an t-airgead sa bhanc—mhínigh sé gur mhaith leis go mbeadh sé ar fáil dá bhean mura bhfillfeadh sé. Ón meangadh beag a chaith sé orm ba léir dom go raibh an fear ceart aimsithe agam, é nós cuma liom faoin gcontúirt, bródúil as, fiú. Dúirt sé liom a bheith cinnte go raibh mo dhóthain airgid agam chun breab a thabhairt don arm (dá mbeadh sé de mhí-ádh orainn casadh le hionad seiceála) agus peitreal agus deoch (agus toitíní) a cheannach ar an mbóthar. Bhí gnó beag aige le duine de na hiriseoirí eile thuas staighre ach ina dhiaidh bheadh sé réidh. D'ól muid deoch eile agus rinne coinne i gcomhair leathuair an chloig níos déanaí (arís, bhí sé uair an chloig mall).

Faoi dheireadh bhuail muid bóthar. Idir an tuairteáil (seancharr a bhí sé a thiomáint ar ardluas ar bhóithre tuaithe), an teas (fuinneoga dúnta de bharr na scamall deannaigh) agus an plúchadh (toitíní á gcaitheamh aige an t-am ar fad) ba é an turas ba mhíchompordaí é a rinne mé riamh. I measc na sléibhte a bhí ceann scríbe, ceantar na dtreallchogaithe, a lucht tacaíochta, an dream a raibh bá acu lena n-aidhm agus, mar is gnáth, iad siúd nach raibh uathu ach síocháin de shaghas ar bith. Ceantar é (lean sé air) a d'fhulaing go leor. Cén chaoi? Agus thosaigh sé ag cur síos dom ansin ar an bhforéigean, an slad a rinneadh ar bhailte iomlána, an crochadh, an dícheannadh, an loscadh, an doirteadh fola uile, na coirp a fritheadh ar thaobh na mbóithre ar maidin agus an bhail a bhí orthu, an marú ní hamháin le gunnaí ach le hairm fhaobhair, le huirlisí cistine agus feirme, na bealaí éagsúla a bhí in úsáid chun daoine a chéasadh, tine, uisce, leictreachas, mná agus fiú gasúir chomh maith leis na fir, óg agus sean, slán agus easlán, na modhanna a úsáideadh chun imeagla a chur ar mhuintir na háite, déistin, olc, dó scioból agus barraí, nimh a chur sna toibreacha, máchailí uafásacha a fhágáil ar eallach, agus, ar ndóigh, na bréaga móra gránna a scaipeadh sna meáin faoin rud ar fad, gan náire, gan trua. Ach thiocfadh an fhírinne amach lá éigin, chreid sé, lá breá éigin thiocfadh sí. Thosaigh sé ag cur síos ansin ar chúrsaí polaitíochta. Nuair a bhí sé críochnaithe (seans nach raibh—thapaigh mé an deis agus é ag lasadh toitín) d'iarr mé air insint dom faoi Bhaile na gCoillteán. Is gearr go mbeidh a fhios agat féin, dúirt sé, breathnaigh, tá sé ag éirí dorcha. Bhí. Níor labhair ceachtar againn arís nó gur stop sé an carr ag deireadh an aistir.

Foirgneamh mór ar thaobh an bhóthair a bhí ann, ceann tuí de shaghas éigin air (ba dheacair a dhéanamh amach sa dorchadas), an doras oscailte agus solas le feiceáil istigh. Gabh isteach, dúirt sé, fan liom, fillfidh mé ar ball. Rug mé ar mo mhála agus níor thúisce seasta amach i bhfionnuaire na hoíche mé gur chas sé an carr timpeall agus thiomáin leis an treo as ar tháinig muid, ar ardluas (mar ba nós leis). Chuaigh mé isteach, fanacht go bhfillfeadh sé.

Istigh bhí doras eile romham. Chomh luath agus a d'oscail mé é thuig mé gur i dteach óil a bhí mé. Boird chiorclacha le stóilíní timpeall orthu ar fud an urláir, seomra mór leathan faoi cheo deataigh, cuntar fada agus go leor buidéal ar sheilfeanna taobh thiar de. Bhí tost iomlán san áit (arbh é mo theachtsa ba chúis leis, ba léir dom), dhá scór éadan dírithe ormsa agus mé i mo sheasamh ar an tairseach, colainneacha mar a bheidís sioctha, deochanna leathchrochta, cloigne ardaithe ó chluichí cártaí, dromanna cromtha os cionn maidí púil, saighdín suite idir ordóg agus méara ach an tsúil casta go tobann ón sprioc, súile ar gach taobh sáite i mo dhá shúil féin, fiosracht iontu, iontas, imní, amhras (mar a bheifeá ag súil leis).

Ansin, go tobann, buaileadh clic ar liathróid phúil agus cheapfá nárbh ann dom, comhráite ag leanúint ar aghaidh, cártaí á gcaitheamh síos agus á sciobadh aníos, deochanna á n-ól, saighdíní á gcaitheamh agus bualadh bos. Shiúil mé thar an tairseach agus dhún mé an doras i mo dhiaidh.

Ghreamaigh mé mo shúile ar an gcuntar, rinne mo bhealach chomh díreach agus ab fhéidir idir na boird gur bhain amach ceann de na stólta arda. Shuigh, d'ordaigh fuisce agus chaith siar d'aon iarraidh é (ba ghéar a theastaigh sé tar éis an taistil a bhí curtha díom gan trácht ar an doicheall a d'airigh mé i bhféachaintí an tslua). D'ordaigh mé ceann eile agus d'ól de shúmóga é sin, an misneach ag filleadh orm, mo shúil ag guairdeall timpeall an tseomra, faoi cheilt, ag seachaint aon teagmháil súl.

Céard a bhí le feiceáil? Fir. Gach custaiméir, gan eisceacht, b'fhear é. An freastalaí, bean, bean óg álainn. Na fir, den chine geal iad, gach uile dhuine acu. An bhean, craiceann mín donnbhuí, guaillí, droim, brollach, ceathrúna (ar éigean a chlúdaigh an gúna í), den chine dúchasach í, gruaig dhaoldubh, súile móra dorcha. Í cairdiúil agus an deoch á hordú agam, fáiltiúil. Na fir, thugaidís cuairteanna gearra ó na boird chuig an gcuntar ó am go chéile chun orduithe a scairteadh uirthi (gloiní móra a bhí siad ag ól, deoch a raibh cosúlacht pórtair uirthi) agus thuig mé gan mórán achair nach raibh siad chomh doicheallach agus a cheap mé i dtosach. Sméididís cloigeann anall ormsa sula bhfillidís, bheannaigh cúpla duine acu dom, rinne fear amháin tagairt fhánach don dea-aimsir (deirim fánach mar gur ghlac mé leis gurb annamh drochaimsir sa tír, báisteach, gaoth mhór, fuacht). D'aontaigh mé leis agus chaith meangadh mór leathan anonn chuige.

Bhí rud éigin mícheart, nach raibh?

Céard eile a bhí le feiceáil? An freastalaí, shiúladh sí amach ón gcuntar le tráidire lán le deochanna (másaí ag freagairt don siúl luascach), chromadh sí thar na boird ag dáileadh na n-orduithe, ag bailiú airgid, ag tabhairt sóinseála, a gúna beag íseal ardaithe taobh thiar di, leagadh sí lámha ar ghuaillí na bhfear, dhéanadh sí gáire leo, spochadh, caochadh súile, chaith sí í féin síos ar ghlúine fir uair amháin, ligean uirthi gur sciorr sí, cleasaíocht a raibh seantaithí ag na fir air, ba chosúil, í i gcónaí ag pléascadh amach ag gáire ar bheagán cúise, an diabhal ina súile. Ba léir dom go raibh níos mó suime ag na fir sna cártaí, ina gcuid comhráite, san ól.

An raibh mo threoraí tar éis mé a thréigean? Nó an raibh sé tógtha ag na saighdiúirí? Nó timpiste?

D'ordaigh mé ceann de na gloiní móra. Fad is a bhí an freastalaí ag fanacht go laghdódh an cúr thosaigh sí ag baint an allais dá baithis le naipcín, chuimil sí thart ar a muineál é, timpeall ar an dá thaobh, ansin thíos faoi logán na brád, ag muirniú go mall anonn is anall (bhí teas mór ann, cinnte), éadach bán síodúil an naipcín in aghaidh chraiceann donn síodúil a brollaigh, anonn is anall, síos aníos sa bhearna—rug sí orm ag breathnú uirthi, rinne sí meangadh mór geal, chaoch sí súil orm.

Ní mar a shíltear a bhítear—tá a fhios ag gach duine é sin. San obair a bhí idir lámha agamsa níor mhór a bheith cúramach, an-chúramach.

Pionta breá pórtair a bhí ann (cé a chreidfeadh é?), agus é ag dul siar de bholgaim íocshláintiúla, fuar, an-fhuar. Agus mé á ól, an gleo cainte i mo chluasa, an t-atmaisféar breá spraoiúil ag dul i bhfeidhm orm, cheap mé go bhféadfainn a bheith i dteach tábhairne tuaithe i mo thír féin, oíche Shathairn ar bith. Aisteach an rud é (an-aisteach). Agus bhí fear tar éis bosca ceoil a chur ar a ghlúine agus é ag seinm go beo bríomhar (foinn ar shíl mé go raibh seanaithne agam ar chuid acu), corrfhear ag scairteadh agus ag béiceadh mar spreagadh dó, iad uile ag bualadh cos go rithimiúil ar adhmad an urláir. Ba ghearr gur thug mé faoi deara go raibh mo chosa féin ag bualadh ar thrasnán an stóil fúm. Lig mé béic agus d'ardaigh mo phionta i dtreo an cheoltóra nuair a theagmhaigh ár súile le chéile.

Bhí gach rud go breá, d'éireodh go maith liom in áit mar seo.

An chéad fhear eile a tháinig chuig an gcuntar chun deochanna a ordú shiúil sé anall chugamsa, do chéad fáilte, dúirt sé agus chroith sé lámh liom, d'fhiafraigh cárbh as mé, ar thaitin an taobh seo tíre liom, ní mórán eachtrannach a d'fheictí sna bólaí seo. Chuir mé mé féin in aithne dó, chuir sé é féin in aithne domsa agus chroith muid lámha arís. Bhí cuma chomh gnaíúil sin air gur shocraigh mé go gcuirfinn ceist air. Baile na gCoillteán, a dúirt sé i nglór ard, san áit cheart atá tú, a mhac.

Bhí a fhios agam ón tús, bhuel, bhí tuairim mhaith agam.

Ghlaoigh an fear ar chúpla fear eile a bhí ag an mbord leis, chuir sé iad sin in aithne dom, col ceathracha leis iad, chroith siad lámh liom, tháinig cuid eile aníos, col seisreacha leis, tháinig comharsana agus cairde, leag an ceoltóir a uirlis uaidh agus rith suas, uncail leis a bhí ann, ba ghearr go raibh gach fear sa teach cruinnithe timpeall orm, ag iarraidh lámh a chroitheadh liom, ag scairteadh amach a n-ainmneacha orm, muintir uile Bhaile na gCoillteán muide, a mhínigh an chéad fhear, na daoine eile, bhí siad bailithe leo, is é sin le rá na mná (ach amháin Inés, bail ó Dhia uirthi). Mhínigh mé dóibh cé mé féin, cén fáth a raibh mé ann, céard a bhí i gceist agam a dhéanamh lena scéal dá mbeidís sásta é a insint dom go fírinneach. Thóg mé an gléas beag taifeadta as mo phóca agus thaispeáin dóibh é.

Iriseoir maith, tuigeann sé daoine, tuigeann sé go mbíonn fonn orthu a scéal a insint. Níorbh eisceacht ar bith iad na daoine seo.

Tháinig na saighdiúirí maidin amháin. Léim siad anuas ó na leoraithe, scaip thart ar an mbaile. D'fhan siad uair an chloig sula ndeachaigh roinnt acu chuig teach, thóg beirt fhear agus d'imigh siad uile leo (ní fhacthas an bheirt ó shin). An mhaidin dár gcionn tháinig siad arís, scaip thart agus d'fhan uair an chloig. Ansin thosaigh siad ar na daoine a chur as na tithe agus fad is a bhí siad á mbrú le chéile in aon láthair amháin chuaigh na saighdiúirí eile ó theach go teach ag cuardach (ag scrios). Ansin sheas siad uile timpeall ar na daoine, ag caitheamh toitíní, ag síneadh cannaí beorach chuig a chéile, ina dtost. D'imigh leathuair an chloig thart agus ansin thosaigh madra ag tafann. Scaoil saighdiúir é. Rith saighdiúirí eile suas is anuas agus scaoil siad madra ar bith eile a bhí le feiceáil, muca, gabhair, cearca. Sa chiúnas a lean é seo (ba bheag nár phlúch na mná na páistí óga agus iad fáiscthe dá n-ucht) chualathas asal in aice láithreach ag grágaíl. Tharraing grúpa de na saighdiúirí os comhair an tslua é agus le peitreal dhóigh siad ina bheo é. Seanfhear, cúpla nóiméad ina dhiaidh seo, chlis na néaróga air, thit sé ar a ghlúine, d'iarr trócaire don bhaile. Bhuail siad é, chuaigh de chiceanna ann, sháigh lena mbeaignití é, sna lámha i dtosach, ansin sna cosa, sa tóin, sna guaillí, sa bholg, sa chliabhrach. Nuair ba léir go raibh sé marbh bhain siad na héadaí dá chorp agus ghearr na baill ghiniúna de. Rug siad ar na fir uile ansin agus duine i ndiaidh duine choill siad iad os comhair na mban agus na ngasúr. Rinne na nuachtáin tuairisciú ar an sléacht, an raidió, an teilifís, cuireadh i leith na mílístí é, dream a bhaineadh díoltas amach faoi fheachtas na dtreallchogaithe, cháin polaiteoirí an gníomh, tragóideach, dúirt siad, truamhéileach, d'iarr ceannaire an airm (an t-arm ceannann céanna a rinne an sléacht, agus níorbh é an chéad uair dóibh é) ar aon duine a raibh eolas aige teacht chuige láithreach le go gciontófaí an dream brúidiúil barbartha a bhí freagrach as a leithéid d'uafás.

Mhínigh mé dóibh go raibh laincisí áirithe ar an nuachtán seo agamsa ach bhí mé cinnte (gheall mé dóibh) go bhfoilseofaí an fhírinne, nach mbeadh drogall orm aird an tsaoil mhóir a tharraingt ar an éagóir dhearmadta seo. Ach, ar ndóigh, (dúirt mé leo go raibh cineál de náire orm é a iarraidh orthu), theastódh grianghraf (nó dhó). Thóg mé an ceamara as mo mhála. Gan a thuilleadh moille, sheas siad i líne mhór romham, chaith síos na brístí, chroch suas na léinte. Agus fuair mé mo ghrianghraf (breis agus mo dhóthain acu).

Den chéad uair ó tháinig mé (go dtí an tír) bhí mé go hiomlán ar mo chompord. Cheannaigh mé deoch dóibh uile, thug cúnamh don fhreastalaí iad a iompar chuig na boird, thosaigh an ceol arís, an comhrá, na cártaí, an púl, na saighdíní. Ach ní raibh an bhrí chéanna ann. Ba ghearr gur chuir an ceoltóir a uirlis uaidh, d'éirigh agus d'imigh amach an doras. An chuid eile, lean siad é de réir a chéile, chaith siar na deochanna, dúirt slán liom, chroith cúpla duine acu lámh liom, d'imigh go dtí nach raibh fanta sa teach ach mise agus Inés (an bhean).

Rinne mé fiosrú faoi chúrsaí lóistín—bhí seomra ar fáil thuas staighre, dúirt sí. Agus bhí carr aici agus thabharfadh sí síob dom ar maidin chuig áit a bhfaighinn bus. An raibh deoch amháin eile uaim? Bhí. Agus í féin? Bhí uirthi glanadh suas ach cén dochar scíth a ligean ar feadh tamaillín.

Bhuel, dúirt mé, tusa an t-aon bhean atá fós sa bhaile seo, bail ó Dhia ort, caithfidh sé go mbíonn sé uaigneach. Bíonn, dúirt sí, ach faoi seo tá cleachtadh agam air, cé go mbíonn, anois is arís, an dtuigeann tú, bíonn fonn orm briseadh amach, dul, tá a fhios agat, fiáin, gach srian a scaoileadh, an dtuigeann tú? Tuigim (shamhlaigh mé dorchadas, a méara, a bhí anois i ngreim docht ar a gloine, ar mo chraiceann).

An bhfuair tú aon phictiúr den loch fós? Loch? Sea, dúirt sí, ceann de na radharcanna is áille sa cheantar, sa tír, tabharfaidh mé ann thú, anois más maith leat, oíche bhreá ghealaí atá ann, is dóigh go mbeadh do dhóthain solais ann, an mbeadh?

An raibh an bhean seo le trust?

Iontach! Iontach ar fad, dúirt mé. Ach b'fhearr

fanacht tamall, dúirt sí agus chuaigh a súile i dtreo an dorais, níor mhaith liom go bhfeicfeadh na fir mé ag siúl leat, an dtuigeann tú, b'fhéidir go mbeadh éad de shaghas éigin orthu, agus caithfidh mé glanadh suas. Bhailigh sí na gloiní, ghlan na boird le ceirt, scuab an t-urlár, dhiúltaigh aon chúnamh uaimse—bí ar do chompord, beidh mé leat i gceann nóiméid (bhí mé sásta breathnú uirthi).

Taobh amuigh dúinn rug sí greim docht ar mo lámh, ghreamaigh í féin do mo thaobh, gheit sí. Bhí scéin ina súile. Shleamhnaigh sí taobh thiar díom agus shín a méar thar mo ghualainn. Na fir a bhí ann, iad ag siúl amach as na scáthanna ar dhá thaobh an bhóthair. Ag fanacht linn a bhí siad, gach duine acu agus ina lámha sceana ag glioscarnach faoi sholas buí na gealaí. Bhreathnaigh mé ó dhuine go duine acu, iad ag teannadh go mall orm ó gach taobh, labhair mé cúpla focal leo, go stadach, an loch, spaisteoireacht oíche, níl tada eadrainn, idir mise agus an bhean, níl ann ach an loch, an dtuigeann sibh, grianghraf, radharc álainn. Ach bhí sé le léamh ina súile nach raibh baint ar bith ag an rud seo le hInés agus chonaic mé ina súile sise gur thuig sí féin é sin anois. Ní hamháin sin, ach d'aithin mé, an rud a bhí ó na fir, bhí sé uaithi freisin. Sheas sí siar uaim. Theann na fir isteach orm.

Ag amanna mar seo is é do bhéal an t-arm is éifeachtaí atá agat.

D'impigh mé ar na fir as ucht Dé ligean liom (d'oscail mé an ceamara agus mhill an scannán, scrios an téipín faoi mo chos), báite in allas cheana féin a bhí mé, smacht caillte agam ar mo cholainn, mé ar crith ó bhonn go baithis, an fhuil ag preabadh i mo chuislí, mo scornach tirim, trócaire, a dúirt mé agus slócht orm, trócaire as ucht Chríost agus A Mháthar, shil mé deora, thosaigh ag caoineadh is ag caoineadh, dúirt gur fear mé a bhain le cosmhuintir mo thíre féin, thuig mé do chosmhuintir na tíre seo, mo chosmhuintir a d'fhulaing an oiread sin ó ghlúin go glúin, tite síos ar mo ghlúine a bhí mé, lámha scartha, bíodh trua agaibh dom, trua, le bhur dtoil, trua, nach bhfuil duine amháin agaibh a ghlacfaidh trua dom?

Nuair a thuig mé faoi dheireadh nach raibh aon mhaith ann d'éirigh mé, thriomaigh mé m'éadan le naipcín (shín Inés chugam é), shéid mo shrón, chaith síos mo bhríste, chroch suas mo léine agus dúirt leo é a dhéanamh chomh sciobtha agus ab fhéidir, rud, ar ndóigh, a rinne siad. Chuaigh muid uile ar ais sa teach óil ansin, thug Inés deoch láidir dom, shuigh gach duine síos, d'ardaigh an ceoltóir a uirlis agus lean an oíche ar aghaidh mar sin, ól agus ceol, caint agus comhrá go maidin.

Bhí tráth i mo shaol nuair a cheap mé gur grianghraf ón gcogadh a bhí uaim, scéal úrnua, ach anois (ar mo dhroim i leaba Inés, nocht, ise os mo chionn, nocht, a glúine ag fáisceadh ar mo ghuaillí, a lámha ag muirniú mo cheathrúna, barr a teanga ag líochán go mall timpeall ar imeall an bhindealáin) tuigim gur rud eile ar fad a bhí uaim.

Strainséir

Lá amháin, suite ar an stóilín cois tine dom, tháinig scáth sa doras. Fear a bhí ann, fear strainséartha. Chuir mé an fód móna a bhí i mo lámh ar chúl na tine agus rug ar cheann eile ón gcliabh in aice leis an teallach. D'fhan mé mar a raibh mé, ag breathnú sa tine.

Fáilte, a dhuine, dúirt mé.

Nuair nár labhair sé ná nár chorraigh sé leag mé síos an fód móna agus d'éirigh. Tharraing mé an chathaoir uilleann níos gaire don teallach agus shiúil cúpla coiscéim ina threo. Bhí ceist ina bhéal ach ní scarfadh na beola di, imithe amú a bhí sé, bhí sé sin le feiceáil sna súile taobh thiar de lionsaí tiubha na spéaclaí, spéaclaí faiseanta le fráma tanaí dearg.

Fáilte is céad romhat, gabh isteach.

Thóg sé céim thar an tairseach. Cóta mór donn a bhí air, ceann maith, cúngaithe beagán ag an mbásta, lúibíní ar na guaillí, cnaipí geala miotail le dearadh éigin. Shiúil sé isteach ar an urlár. Líneáil dhearg shíodúil a bhí taobh istigh den chóta, fuair mé spléachadh uirthi agus é ag casadh chun breathnú thart ar na ballaí, ar na fraitheacha, ar an drisiúr, ar an mbord. Stoptha ag an teallach a bhí sé, ag breathnú go géar isteach sa tine.

Suigh isteach, dúirt mé.

Gruaig dhonn a bhí air, iarracht mhaith den liath os cionn na gcluas agus tríd an gcroiméal trom slachtmhar, paiste maol ar chúl a chinn. Chrom mé chun an fód a aistriú ón teallach go cúl na tine in aice leis na cinn eile a bhí i ngreim ag na lasracha cheana féin.

Móin mhaith í seo, dúirt mé.

An donn céanna a bhí ar an mbríste, dhá fhilleadh ina línte ag titim go hingearach thar na glúine go dtí na rúitíní. Bhí salachar smeartha ar thaobh na bróige clé, an bhróg dheis leathghlanta, cnapanna beaga calctha sna harda idir sálta agus boinn. Cré a bhí ann, smáil di ar bhun an bhríste freisin, cré bhuí fhliuch, bróga dubha leathair.

Tá na garraithe ina bpuiteach, dúirt mé, an bháisteach, tá a fhios agat.

Rug sé ar ghlúine an bhríste agus tharraing suas beagán iad sular shuigh sé. In uachtar na léine bhí cnaipe oscailte agus an carbhat scaoilte beagán, carbhat donn le fáiscín óir, léine bhánbhuí.

Isteach sa chistin liom chun braon tae agus greim bia a réiteach. Bhí an doras fágtha oscailte i mo dhiaidh agam fad is a bhí mé ag cur síos an citeal agus ag gearradh an bhuilín, le go mbeadh radharc agam air, agus aige orm, agus le go gcloisfeadh sé mo chuid cainte.

Faoin aimsir a labhair mé i dtosach, ábhar neamhurchóideach neamhbhagarthach. Ábhar, scaití, nach dtaitníonn leo siúd a bhíonn ag súil le caint a bhfuil eolas inti, eolas nach mbeadh ag an éisteoir cheana féin. Daoine ar spéis leo eolas a roinnt, arbh fhearr leo an tost seachas cabaireacht ar bith chun caidreamh éigin a bhunú, cur i gcéill chun easpa suime, easpa éirime nó easpa de shaghas éigin a cheilt. Phléigh mé nuacht an bhaile ansin, an méid di a bhí ar eolas agam. Ag an bpointe seo mhínigh mé dó gur strainséir mé sna bólaí seo, cé gur le roinnt mhaith de bhlianta a bhí mé lonnaithe ann.

Nach orm a bhí an t-ádh, dúirt mé, an teach seo a cheannach sular tháinig an méadú mór ar na praghsanna?

Chuir mé ceisteanna mar sin air, ceisteanna arbh ar éigean a theastaigh freagra uathu, chun deis labhartha a thabhairt dó, deiseanna nár thapaigh sé sular lean mé le mo chuid cainte. Ina shuí sa chathaoir uilleann a d'fhan sé, gan smid as, socair ach amháin a chloigeann ag casadh ó am go chéile chun breathnú ar na ballaí, ar na pictiúir a bhí crochta agam ar fud an tseomra: an sráidbhaile agus na bóithríní, seanfhear ar sheanrothar os comhair Oifig an Phoist, an portach san earrach, spéartha an fhómhair, fothracha, cnoic, cladaí. Ba chaitheamh aimsire mo sheanaoise é, uiscedhathanna, iad frámaithe agamsa freisin, curtha go néata faoi ghloine. Ach ar leabhar ar an mboirdín ar dheis na tine a bhí a aird iomlán ar deireadh. Faoi stair na healaíne a bhí sé, é fágtha oscailte ar leathanach áirithe, le seachtain nó níos mó, an áit ar thuirsigh mé den léamh agus de scrúdú na bpictiúr. Chlaon sé chun tosaigh chun é a scrúdú. Pictiúr d'fhear agus bean á gcéasadh ag dream atá, déarfá, tar éis briseadh isteach sa seomra in áiléar an fhoirgnimh, pictiúr rólíonta le cruthanna cama, línte i ngach treo ag teacht salach ar a chéile, dhá phéire cos scartha in V mór bunoscionn mar chuid lárnach den dearadh, aimhréidh bhrúidiúil ghránna a phéinteáil Gearmánach in 1918, duine, déarfá, a thug aghaidh ar an uafás a bhí dingthe ina aigne seachas ruaig a chur air.

Cuimhneachán.

Faoin gceo trom deataigh bhí cúigear dínn inár suí timpeall ar bhord a raibh luaithreadán ina lár curtha thar béal againn le bunanna toitíní, gach duine againn ag gáire. Gáire bréagach, ar ndóigh, cur i gcéill le teann faitís roimh dhuine áirithe sa chomhluadar, é siúd leis an mbéal mór mantach, leis an rian domhain de sheanghearradh óna pholláire clé thar a leiceann go bun a chluaise, an duine sin a d'fhágfadh a mhacasamhail de rian ortsa, b'fhéidir, nó fiú a sháfadh chun báis thú dá gceapfadh sé go raibh faitíos ort roimhe, dá n-aithneodh sé an iarracht ba lú den neirbhís i do shúile, i do ghlór, i do gháire. Go tobann, nó de réir a chéile, d'athródh an spochadh ina fhearg, an fhearg ina hionsaí fíochmhar ort, gan neart ag an gceathrar eile air, gan misneach ag aon duine acu cur ar do shon ar fhaitíos go dtarraingeodh sé air féin é. Ach nach raibh an séú duine ann an oíche sin? An duine ar furasta domsa an neirbhís a aithint ina shúile, an faitíos ina ghlór, an cur i gcéill ina ghearán go raibh pian ina thaobh leis na rachtanna gáire. Ba róléir domsa cén fáth nár ól sé bolgam sách mór as an mbuidéal vodca, nár bhuail sé síos é le plimp sách trom sular shín sé é chuig an gcéad duine eile san fháinne. Ba bheag nár stop mo chroí nuair nár bhain sé aon scian amach chun í a shá síos in adhmad an bhoird os a chomhair, mar a rinne an ceathrar eile againn in aithris ar an té úd a raibh an bhuile ceilte ag an spraoi ann, ag an diabhlaíocht, ag an ngealgháire. D'aithin an duine nua go raibh sé slán fad is a bhí sé in ann gáire a dhéanamh, scairteadh gáire, scréachach, béicíl. An chuid eile, d'fhoghlaimeodh sé de réir a chéile é. Is cuimhin liom go raibh plean éalaithe réitithe agam don oíche sin, titim ar an tsráid nuair a théadh muid amach níos deireanaí, ligean orm go raibh mé ródhallta, gur shlog mé an iomarca de na piollaí, go raibh mé ag saothrú an bháis. B'fhéidir nach dtabharfaidís ach cúpla cic dom agus go n-imeoidís ansin. Ach b'fhéidir nach dtréigfidís mé i ndeireadh na dála, go n-iompróidís leo mé. . .

Cé gur mhaolaigh na blianta an faitíos níor mhúch siad é.

D'iompair mé an tráidire isteach ón gcistin. Chuir mé an muga agus an pláta ar an mbord agus thug comhartha dó suí isteach, an tae a ól agus an t-arán a ithe. Bhain mé scian agus spúnóg amach as an tarraiceán i dtaobh an bhoird, bhog mé an babhla siúcra agus an próca suibhe, a d'fhágainn ar an mbord i gcónaí, níos gaire dó agus bhain na claibíní díobh. An crúiscín bainne, bhí dearmad déanta agam é a chur ar an tráidire agus nuair a d'fhill mé ón gcistin leis bhí sé suite chun boird, a dhá chrúb mhóra i ngreim ar imeall chlár an bhoird, na méara tiubha cnapánacha scartha, fionnadh go tiubh idir na hailt, ingne glana gearrtha.

Fad is a bhí sé ag caitheamh a choda d'fhan mé i mo

shuí ar an stóilín, droim leis, i mo thost, ag breathnú isteach sa tine. D'éist mé leis na fuaimeanna: cruach, deilf, adhmad, lacht, béal, scornach; an bainne á dhoirteadh; an spúnóg á casadh sa mhuga tar éis tochailt aon, dó, trí huaire sa bhabhla siúcra; fuílleach na suibhe á bhaint ó lann na scine ar bhéal an phróca; na huirlisí agus na soithí á leagan de bhuillí beaga bodhra ar adhmad an bhoird; an slogadh, an chogaint agus smeach na mbeola.

Dúirt mé leis ansin go n-ólfadh sé muga eile, go n-íosfadh sé tuilleadh. Chroith sé a chloigeann ó thaobh go taobh. Leathmhuga, píosa amháin aráin, dúirt mé agus greim agam cheana féin ar an muga. Leag sé a chrúb ar rí mo láimhe agus d'fhág ann é go dtí gur bhreathnaigh mé sna súile air. Chroith sé a chloigeann arís agus bhain a lámh díom. Chuir mé na claibíní ar an subh agus ar an siúcra agus bhog ar ais iad go lár an bhoird, chuir an muga agus an pláta ar an tráidire, an scian agus an spúnóg freisin, agus d'iompair mé isteach iad go dtí an chistin.

Bhí sé fós sa chathaoir cois boird nuair a d'fhill mé. Shuigh mé ar an stóilín. D'fhiafraigh mé cérbh é féin, cárbh as dó agus céard a bhí uaidh.

D'inis sé a ainm dom, dúirt nach ina chónaí sa taobh seo tíre a bhí sé ach gur sa teach seo a rugadh é, gur sa teach seo a rugadh agus a tógadh é. Nuair a chonaic sé an doras ar oscailt, an doras fágtha oscailte nach raibh neart aige air. A thuismitheoirí a bhí sé ag súil a bheadh roimhe. Ach, ar ndóigh, básaithe a bhí siad, curtha thoir sa reilig le fada an lá. Ghabh sé leithscéal liom, thug buíochas as an tae, agus as an arán. Chaith sé súil thart ar an seomra, ar na pictiúir, ar an leabhar ar dheis na tine, agus ormsa. Ghabh sé leithscéal agus buíochas arís, as an tae agus as an arán, agus d'imigh leis. D'fhan mé socair tamall, tamall maith, ag breathnú thart ar an seomra, ar na pictiúir, ar an leabhar ar dheis na tine. Ansin chonaic mé an crúiscín bainne, chonaic mé go raibh sé fós ar an mbord. Chuir mé ar ais sa chistin é, sa chuisneoir.

An lá dár gcionn thug mé cuairt ar an reilig. Shiúil mé timpeall ar na cosáin ag cuardach ach ba léir dom gan mórán achair gur sloinne é a bhí coitianta go leor sa cheantar. Bhí a fhios agam go raibh teach an tseanreiligire trasna an bhóthair ón séipéal. Bhí páiste ina bhaclainn aige nuair a d'oscail sé an doras. Dúirt sé i dtosach nach bhféadfadh sé cúnamh a thabhairt dom ag an am sin agus cúram a ghariníne air ach tar éis dreas cainte shocraigh sé go dtiocfadh sé liom agus go dtabharfadh sé an páiste leis, tharla gurbh é an chéad lá gréine é le cúpla seachtain anuas. Bhí sí dhá bhliain d'aois an lá roimhe, mhínigh sé dom.

Nach bhfuil tú, a stóirín, dúirt sé, dhá bhliain mhóra mhillteacha.

D'aimsigh sé an uaigh dom ar imeall na reilige faoi dheireadh agus chuir sé síos an cailín beag, mar a thugadh sé uirthi i gcónaí, chun cead a cos a thabhairt di. Trí bliana is fiche roimhe sin a fuair an bheirt bás, ar an dáta céanna. Rinne sé cur síos orthu, scéal mór tragóideach. Le linn dó bheith ag caint choinníodh sé leathshúil ar an gcailín beag, a bhí siúlta cúpla slat uainn chuig sconsa chun breathnú isteach i ngarraí a raibh bó agus lao ann. Ní mórán suime a chuir an bhó ionainn ach bhí aird iomlán an lao orainn agus go háirithe ar an gcailín beag.

Bó, a bhí sí ag rá, bó. . . mú. . .

Bó agus lao, dúirt an seanfhear go mall soiléir, sin bó agus lao.

Bó. . . mú. . . bó. . . mú. . .

Sea, a stóirín, bó agus lao, sin bó agus lao, bó agus lao.

Nuair a chuir sé deireadh leis an seanchas ghabh mé buíochas leis agus thug cúpla punt dó chun an uaigh a ghlanadh, na fiailí a bhaint, bláthanna a chur ag fás ann, slacht a chur uirthi.

Bó, dúirt an cailín beag, mú. . .

Bhí a méar dírithe isteach sa gharraí aici agus í ag breathnú chomh dáiríre ormsa agus ar a seanathair. Rinne seisean gáire agus rinne mise aithris air.

Bó. . . mú. . .

Blaosc

Go moch ar maidin chuaigh mé de shiúl siar chuig an
siopa.   Bhí an ghrian éirithe, gan an scamall ab
éadroime le feiceáil áit ar bith sa spéir, an t-aer socair,
uisce an chuain ó dheas uaim ciúin cothrom agus, sna
garraithe ar an dá thaobh díom, scáthanna na gclaíocha
sínte go fada siar.   Lá breá brothallach eile romham, ar
nós an lae inné, ar nós an lae arú inné.

Corpáin, bhí an bóthar ar fad brata leo, óg agus sean,
fir agus mná, gach áit.   Ar an gcosán freisin, agus ar na
himill, anseo is ansiúd iad carntha os cionn a chéile,
cosúil le cocaí féir sna garraithe.   Chun mo bhealach a
dhéanamh an cúpla céad slat siar bhí orm seasamh
tharstu, dul timpeall orthu, mo chosa a leagan go
cúramach sna scailpeanna eatarthu, seachas siúl i líne
dhíreach, ag satailt ar a gcosa, a lámha, a gcliabhracha,
a mboilg, a gcloigne, iad siúd a raibh cosa, lámha,
cliabhracha, boilg, cloigne orthu.

Leath bealaigh siar luigh mo shúile ar chorpán
amháin.   Stop mé.   Ní raibh aon rud áirithe faoi ach
ghlac mé trua dó, ainneoin an oiread eile údar trua ar

gach taobh díom. Dúirt mo sheanchomrádaithe liom go mbeadh trua agam don chéad chorpán a d'fheicfinn, go mbainfeadh sé croitheadh uafásach asam, ach go maolófaí ar an trua sin de réir mar a bheinn ag dul i dtaithí orthu. B'fhíor dóibh. Freisin, dúirt siad nach ndéanfainn dearmad go deo ar an gcéad cheann sin. Is fíor dóibh. Tá teipthe glan orm an ruaig a chur ar an gcuimhne—bhí mé tar éis siúl thairis ar oscailt dhoras an tí dom ar maidin, nó maidin inné ba chirte dom a rá nó b'fhearr a rá maidin arú inné. Ar aon nós, pé ar bith maidin é, mo chéad chorpán, d'iontaigh mé mo chloigeann, chaith múisc ó dhuibheagán mo bhoilg aníos, bhí mé bán san éadan agus allas fuar ag sileadh orm, boladh mo choirp féin i mo shrón, agus ansin chrom mé thairis chun lán na súl a bhaint as an uafás. Ach ba ghearr go raibh mé ag iarraidh an gunna a bhaint óna lámha ach, agus na méara righnithe cheana féin, bhí greim ródhocht aige air. Mo ghunna féin, mo náire, bhí sé imithe amú áit éigin, tá fós. Sa dorchadas faoin leaba atá sé, b'fhéidir, áit a mbíodh drogall orm dul ag cartadh ann ó m'óige anuas. Nó an é go bhfuil sé sa ghort ar chúl an tí, áit nach cosúil go mbeidh mé ann arís go deo, é fágtha sáite bairille faoi sa chré, áit nach n-aithneoinn é ar aon nós thar chosa na sluaistí ná chrosa na n-uaigheanna uile, mo thuismitheoirí, mo chuid deartháireacha, deirfiúracha, uncailí, aintíní, col ceathracha, col cúigreacha, col seisreacha, col seachtaracha, col ochtaracha agus araile, agus mo sheanchomrádaithe uile, freisin. Éist, a deiridís liom, mo sheanchomrádaithe, ná bí riamh gan mhiotal fuar do ghunna i do lámha nó aireoidh tú chomh nocht leis an lá ar rugadh thú agus b'fhíor dóibh agus is fíor dóibh i gcónaí é. Bhí mé chun an doras a oscailt arís, na heochracha bainte as mo phóca cheana féin, dul isteach agus scian mhór ghéar na cistine a fháil chun an gunna a ghearradh óna ghreim—sábh a theastódh, b'fhéidir—ach ní dhearna mé é, ar an údar céanna, is dóigh, nár sheas mé ar na corpáin agus mé ar mo bhealach anoir chomh fada leis an spota seo a bhfuil mé anois ag cuimhneamh siar ar an am ar stop mé chun breathnú ar mo dhuine. Bhí sé suite, caite, b'fhearr a rá, cois claí, mullach a chinn ar iarraidh agus a inchinn ar liobarna as an bpoll. Ansin, lean mé orm siar.

Ní raibh an siopa ar oscailt, ar ndóigh. Ní raibh sé ar oscailt inné ach an oiread, ná arú inné. Ar ais liom soir. Arís, sheas mé i mo staic thart ar an spota ag tabhairt suntais do mo dhuine cois claí, ach an iarraidh seo ghéill mé don trua agus chuidigh leis seasamh. Bhí an inchinn fós ar liobarna, loite thar leigheas, mar a mhínigh mé dó. An fhírinne a bhí uaidh, tá súil agam. D'oscail mé mo bhosca garchabhrach—ní théinn áit ar bith gan é. Bosca stáin a bhí ann agus rinne sé an diabhaltaí torann sin arís a bhain caint as mo dhuine. Moirfín, le do thoil, a chaoin sé agus d'imigh an mana céanna ina mhacalla ó chorpán go corpán soir agus siar an bóthar. Moirfín? Ní raibh aon mhoirfín sa bhosca.

Bhain mé an siosúr as an mbosca agus ghearr mé an ceangal, an sreangán, an chuisle, an t-artaire, an corda nó pé ainm a thugtar air agus chaith an inchinn thar an gclaí. Rinne sé sin maitheas dó, bhí sé buíoch díom. Bhuail mar a bheadh taom fiosrachta mé ansin. Agus é ina sheasamh romham, thuig mé go raibh deis agam, deis nach dtugtar do gach duine, deis agam fáil amach céard a bhí taobh istigh de chloigeann an duine. Mar chúiteamh ar an ngar a rinne mé dó ghlac mé leis go mbeadh fáilte is fiche romham.

Sheas mé suas ar mo bharraicíní, le lúbadh méar rug mé greim ar imeall an phoill ar mhullach a chinn agus tharraing mé mé féin suas ón talamh chun mo shrón a chrochadh ar nós Kilroy ar bhalla a bhlaoisce. Ansin, le tréaniarracht, chlaon mé mo bhaithis chun tosaigh, go stadach trí 90°, céim ar céim, nó go raibh mé ag breathnú díreach síos ina chloigeann.

Céard a bhí mé ag súil lena fheiceáil? An chiall? An mheabhair? Nead na mothúchán?

Bhí bun ann, bun ciorclach cothrom, cuartha timpeall air bhí balla ingearach, agus gach uile dhromchla glan, bán, mín agus snasta. Chun an fhírinne a dhéanamh, ní raibh samhail air ach a bheith ag breathnú síos i muga mór folamh. Scaoil mé greim mo mhéar, luasc mo chloigeann ar ais go beo tríd an 90° agus dhíchroch mé mo shrón ó imeall na blaoisce go ndeachaigh mo chosa go cothrom talún. Anois bhí a fhios agam céard a bhí taobh istigh de chloigeann an duine.

Rug mé greim ascaillí air ansin agus idir treorú agus iompar—dall a bhí sé agus na súile ceangailte le dhá chorda, sreangán nó pé ar bith iad, imithe in éindí leis an inchinn thar chlaí—d'éirigh liom, tar éis roinnt eachtraí éagsúla, é a thabhairt abhaile liom. An chéad mhaith a rinne mé dó ansin é a thabhairt amach go dtí an gort ar chúl an tí. Thaispeáin mé na huaigheanna dó. Gan radharc aige chuimil mé a dhá chrúb suas anuas ar chúpla cros dó, bháigh iad go domhain sa chré chun lán glaice di a ardú go dtí a shrón le go bhfaigheadh sé an boladh. Ansin bhuail ceann eile de na taomanna fiosrachta úd mé. Cén chaoi a mbeadh sé an chré a chur sa duine seachas an duine a chur sa chré?

Fáilte agus fiche. Ní raibh ann ansin ach gur líon mé a bhlaosc le glaca cré nó go raibh sí ag cur thar maoil agus le buillí éadroma de mo bhos rinne dromchla cothrom den mhaoil ar mhullach a chinn. Bhí cnapáin ag sleamhnú an t-am ar fad as na poill—an béal, an dá pholláire, an dá shúil. Bhrúigh mé agus dhlúthaigh mé an chré isteach ann trí dhorn a chur siar ina bhéal, dhá mhéar a shá suas ina pholláirí agus dhá ordóg a leagan go lách éadrom ar a shúile.

An chéad mhaith eile a dhéanfainn dó é a thabhairt suas ar an sliabh. B'fhíor dó, ní fheicfeadh sé an radharc ach d'aireodh sé teas méadaithe na gréine sna hairde sin agus mura dtaitneodh sé sin leis gach seans go mbeadh gaoth bhreá fhionnuar ann. Agus chloisfeadh sé an fhuiseog agus—dá mbeadh an t-ádh leis—an fiach dubh.

Chuir mé ina shuí i suíochán tosaigh an chairr é, chaith an chathaoir rotha sa suíochán cúil agus thiomáin liom suas in aghaidh an chnoic. Nuair a tháinig an bóithrín chun deiridh chuir mé é ina shuí sa chathaoir rotha agus bhrúigh suas an cosán é. Nuair a tháinig deireadh an chosáin stop mé, shuigh sa fhraoch agus rinne cur síos dó ar áilleacht an domhain—an cosán ag síneadh síos fúinn, an bóithrín agus na garraithe ar an dá thaobh de, na claíocha, sceacha, clocha agus mar sin de, na locha, na haibhneacha, an cladach, an cuan agus na sléibhte ar an taobh eile de, na hoileáin ar chlé, coill ar imeall an bhaile mhóir ar dheis.

Faoin am seo—lár an lae más buan mo chuimhne—bhí

teas ollmhór ann agus thug mé faoi deara go raibh an chré sa bhlaosc tosaithe ag leá. Bhí cineál de bholg donn ag brúchtadh níos ísle agus níos ísle óna bhéal, dhá chnaipe ar crochadh óna pholláirí, réidh le titim soicind ar bith, agus óna shúile sruth donndearg ag sileadh deoir ar deoir síos gach aon taobh dá shrón. Garchabhair.

Go ciúin cúramach an iarraidh seo, d'oscail mé an bosca stáin. Moirfín, a scréach sé, moirfín, le do thoil. Ach ní raibh aon mhoirfín sa bhosca, ní raibh inné ná arú inné ná le fada fada an lá. Bhain mé an snáth agus an tsnáthaid amach agus d'fhuaigh a bheola le chéile dó, a pholláirí agus ansin caipíní a dhá shúil. Agus leis an bpíosa olann cadáis thriomaigh agus ghlan mé na deora móra salacha faoina shúile. Leis sin tháinig amhras orm.

Ar chúl m'intinne bhí a fhios agam le tamall go raibh teas thar theas na gréine ann. Tar éis pian a chur i mo mhuineál agus mé ag déanamh staidéir ar bhinn an tsléibhe taobh thiar díom thuig mé cén fáth. Nach aisteach é, ní fheictear cé chomh neamhghnách is a bhíonn an gnáthrud—an sliabh atá i gceist agam, bolcán a bhí ann riamh anall. Bhuail taom fiosrachta eile mé, taom láidir ar ghéill mé dó ar an toirt. Ní dúirt mé le mo dhuine ach go mbeinn ar ais ar ball agus suas liom go beo tríd an bhfraoch, thar na carraigeacha nó go raibh mé ag dreapadh ar nós moncaí ó thaca go taca ar aillte ingearacha na binne. Faoi dheireadh shín mé mo dhá lámh suas, lúb na méara chun greim a fháil ar liopa bhéal an bholcáin agus tharraing mé féin suas chun mo shrón a chrochadh go daingean idir mo dhá chrúb. Bhí mé ar crith leis an iarracht, ach d'éirigh liom mo bhaithis a chlaonadh trí 90°, céim ar céim, chun go bhfeicfinn cén chosúlacht a bheadh ar chraos an bholcáin.

Céard a bhí mé ag súil lena fheiceáil? Laibhe, cinnte, lasracha agus deatach.

Loch a bhí thíos ann, loch coipthe cáite, teas beagnach dofhulaingthe uaidh, ionathar de gach saghas ar snámh ann, aenna, scamhóga, boilg, croíthe, duáin, putóga móra agus beaga, baill eile nach bhfaca mé riamh cheana—b'fhéidir gur bhain siad le corp an ainmhí—agus iad uile ag fáscadh agus ag preabadh agus ag geiteadh agus níl a fhios agam cé na gluaiseachtaí eile agus thall is abhus súile ollmhóra aonaracha, donn, gorm, glas, iad ag éirí aníos, ansin ag dul faoi arís sa súp beo sin, súp ar shamhlaigh mé fuil agus fual measctha ann, smior agus smúsach tríd, smaois, seile, smugairlí agus cé aige a bheadh a fhios céard eile agus gach re soicind bolgóidí móra á séideadh suas ann, dathanna an bhogha báistí ag scaipeadh timpeall orthu sula bpléascaidís le pop chun gal bhréan a spré aníos i m'éadan.

Bhí na deora ag titim go díreach síos uaim, deoir scallta i ndiaidh deoire scallta—ag dó a bhí na súile, is dóigh, nó ag leá, b'fhéidir. Agus i mo chluasa scréachach bhodhraitheach chathanna na bhfiach dubh agus iad ag guairdeall timpeall sa spéir os mo chionn, ag fanacht go bhfuaródh an bolcán a dhóthain le go bhféadfaidís titim de ruathar anuas chun na greamanna ba mhilse a sciobadh ina gcrága géara, iad a bhreith leo le gleo gairdis go scailpeanna uaigneacha sna haillte agus iad a alpadh ar a suaimhneas nó a n-álta líonmhara a ghríosadh chun creiche le blas na feola.

69

Nuair nach raibh mé in ann é a sheasamh níos mó—an teas, an bréantas, an feic—scaoil mé greim mo dhá lámh agus luasc mo chloigeann siar ar chuing mo shróine. Faoiseamh. Ach fágadh crochta ansin mé, mo shrón, míle mallacht uirthi, bhí sí imithe i bhfostú, greamaithe chomh daingean le duán ar imeall an bholcáin. Bhí mé ag bailiú nirt chun mo lámha a ardú nuair a ghéill sí, mo shrón, le clic cnámhach ghéill sí ar deireadh do mheáchan marbh mo choirp agus chuaigh mé ag sleamhnú síos na haillte, ag titim i ndiaidh mo chúil ar na carraigeacha, ag treabhadh tríd an bhfraoch nó gur bhuail de phlimp in aghaidh na cathaoireach rotha, a raibh an coscán daingnithe go maith agam uirthi, ar fhaitíos na bhfaitíos.

Bhí mo dhuine mar a bhí sé ar imeacht dom, suite suas go stuama ag déanamh aeir dó féin. Ach, faraor, ní raibh fágtha de anois ach na cnámha. Ite ag na fuiseoga, de réir cosúlachta, scór acu scaipthe amach ar mhoghlaeirí mórthimpeall, ag faire go ciúin ciontach orainn. Céard ab fhéidir a rá? Má tá an t-ithe feola dlite don duine cén fáth nach mbeadh sé dlite don fhuiseog chomh maith céanna?

Scaoil mé an coscán, dhreap suas ar chúl na cathaoireach agus chuaigh sí go deas réidh aisti féin síos le fána an chosáin. Go deas réidh? Ba ghearr go raibh siúl scanrúil fúithi. Agus leis an tuairteáil ar dhromchla míchothrom an chosáin thosaigh cnámha mo dhuine ag gliogarnach, ag dul as alt agus ag scoilteadh. Chaill sé iad, ceann i ndiaidh a chéile ag scaipeadh ar an dá thaobh dínn, méara na gcos is na lámh i dtosach, na cosa agus na lámha féin ina ndiaidh, an dá shlinneán, na heasnacha, an chnámh droma, an chorróg bhocht ag rince go fiáin ó thaobh go taobh go ndeachaigh de léim amach ar fad. Faoin am ar shroich muid an bóithrín ba é an bhlaosc an t-aon chuid de a bhí fanta, ag preabadh suas is anuas ar an suíochán ar nós liathróide báine, agus cúpla mant úr sa draid uirthi. Murach gur rug mé go scafánta uirthi sular léim mé go talamh bheadh deireadh le mo dhuine, go cinnte, mar d'imigh an chathaoir rotha síos an bóithrín aisti féin, ar luas a bhí ag éirí níos luasmhaire agus níos luasmhaire, ag luascadh go contúirteach ó thaobh go taobh an bhóithrín, ansin ag preabadh chomh hard leis na claíocha, ansin arís ag bocléim fiche troithe san aer nó gur bhain sí amach an bóthar mór thíos i bhfad uainn agus le baothléim dhochreidte chuaigh suas suas sa spéir, trasna an chuain, agus thuirling ar luas na luas ar thaobh an tsléibhe thall, áit a ndearnadh steigears di.

Isteach sa charr liom agus lig dó dul síos an bóithrín as féin, go deas réidh, mo chos ag brú agus ag scaoileadh ar an gcoscán, mo dhuine leagtha ar an suíochán le mo thaobh. Thug mé cuntas dó faoin áilleacht timpeall orainn arís agus ina dhiaidh d'iarr sé orm—bhí an chaint aige i gcónaí—gar mór amháin eile a dhéanamh dó. Chomh luath agus a bhainfeadh muid an teach amach ba é an chaoi go raibh sé ag iarraidh go rachainn ag tóraíocht a inchinne, go gcuirfinn isteach ina bhlaosc arís í, na súile a dheasú sna mogaill le go mbeadh sé in ann an domhan a fheiceáil arís, an áilleacht seo.

Pháirceáil mé an carr, d'fhág sa suíochán é agus thosaigh ag déanamh mo bhealaigh trí na corpáin siar i dtreo an tsiopa. Agus b'eo mé ar ais sa spota seo cois claí—tá a fhios agam go mbíonn sé deacair claíocha a aithint thar a chéile, gan trácht ar inchinní, ach d'éirigh liom an sprioc a aimsiú, an claí atá i gceist agam mar maidir leis an inchinn ba léir gan mórán achair gur ite ag na gasúir a bhí sí, na súile san áireamh. Chun an fhírinne a insint, níor thóg mé orthu é, na créatúir bhochta, ba bheag greim a fuair siad le tamall maith anuas, ó chreach siad an siopa, gach seans. Agus mé ar tí filleadh ar mo sheanchara leis an drochscéal chuala mé an scréachaíl ainmhíoch agus na mallachtaí fíochmhara. Bhí na gasúir ag teacht de sciuird aniar an bóthar, scata mór acu, buachaillí agus cailíní, seacht, ocht, naoi mbliana d'aois. Ach níor theith mé. Thuig mé go gcaithfidh siadsan ithe chomh maith agus chuaigh mé de léim ard aclaí san aer agus anuas liom ar chloch ghéar sa chlaí a scoilt mo bhlaosc agus chuaigh an inchinn ar liobarna amach aisti chun go ndéanfaidís a sciob sceab uirthi. Bhí buachaill beag amháin ann nár bhrúigh é féin chun tosaigh chomh tréan brúidiúil leis an gcuid eile agus ba ghearr gur rug siad airsean, chaith suas san aer é gur tháinig sé anuas ar an gcloch agus bhí an sciob sceab céanna ar a inchinn seisean. Is cosúil go bhfuil ceacht foghlamtha acu uaimse.

B'in deireadh le mo chuid aclaíochta, go ceann píosa ar aon nós. Níl fanta sa domhan anois ach na gasúir, gan daoine fásta chun comhairle a chur orthu ná iad a chur ar an eolas maidir le maireachtáil, talmhaíocht agus iascaireacht agus mar sin de, cúrsaí sláinte, bás, collaíocht—in achar gearr de bhlianta anois beidh siad ag dul suas ar a chéile ar nós madraí. Beidh gasúir ag na gasúir ansin. Ach b'fhéidir nach drochrud amach is amach é sin mar dá mhéad gasúr a bheirtear is ea is mó seans go dtiocfaidh ar a laghad ceann amháin a mbeidh beagán daonnachta ann.

Duran

Siar cúpla míle ón sráidbhaile, bóthar ciúin, teach amuigh leis féin roghnaithe agam, ach faraor, bhí an doras ceilte ag cineál de phóirse sa chaoi nach raibh mé in ann a dhéanamh amach an raibh sé dúnta—comhartha réasúnta cinnte (i gceantar mar sin) nach raibh muintir an tí istigh. Scrúdaigh mé an dá fhuinneog—bhí na cuirtíní ar leathadh—agus mé ag siúl siar is aniar thar an ngeata cúpla uair. Tada ag corraí. Shocraigh mé dul isteach. Dá mbeadh an doras dúnta chnagfainn, ar fhaitíos na bhfaitíos, sula rachainn ag cuardach bealach isteach. Agus dá dtarlódh sé go dtiocfadh duine chuig an doras céard a dhéanfainn? Bhuel, an rud céanna is dá mbeadh an doras ar oscailt agus go n-aimseodh muintir an tí mé: déarfainn gur imithe amú a bhí mé, nó d'iarrfainn gloine bainne, chumfainn leithscéal éigin ag an am nó dhéanfainn rith maith. D'oscail mé an geata agus shiúil isteach.

Bhí an doras dúnta agus ceann de na bileoga beaga buí sin greamaithe de. Scríofa air: Johnny. Ar an taobh

73

eile: key under mat, bottle in cupboard, back at 4. Isteach liom, linn—lig mé fead ar Nina a bhí ag fanacht ag an ngeata. Bhí airgead ar an mbord, sóinseáil, cúpla euro. D'aimsigh muid an buidéal gan mórán stró. Brandy—níor ól muid é sin cheana. Níor bhac le gloiní (bhí neart acu sa chistin) ach shín an buidéal ó dhuine go duine agus shlog siar de bholgaim mhóra é—níor mhór a laghad ama agus ab fhéidir a chaitheamh sa teach (mar a mhínigh mé do Nina). Ba é an chaoi gur fholmhaigh muid é. Mar a bheifeá ag súil leis—ní raibh Nina ach 9 (breithlá 7 Aibreán: bliain agus 5 mí agus 7 lá agam uirthi, 8 lá ba cheart dom a rá, nó 9, ab ea?)—ba bheag nár mharaigh sé muid.

Gan dul i bhfad scéil leis chuaigh muid fiáin ar fad agus rinne scrios mór san áit, go háirithe sa chistin leis na soithí agus an bheatha (uibheacha, bainne, fataí etc., á gcaitheamh ar a chéile a bhí muid) ach sa seomra suite freisin—scaoil mé mún isteach sa tine, d'ardaigh steall ar an matal agus go fiú shroich sé an pictiúr os a chionn—beirt fhear agus beirt bhan i ngrianghraf frámáilte, ar thrá i dtír the éigin. Ar a cromada chac Nina ar an mbord agus rinne mún anuas air sin ina dhiaidh. Bhí pianta orm leis an ngáire. Bhí sé ag tarraingt ar 4 ansin agus thar am imeachta—thit muid amach ar an mbóthar, fós go dona fuckáilte, agus lean orainn siar ag cuardach tí éigin eile.

Tháinig muid ar theach beag tábhairne agus iad tar éis duine a scaoileadh marbh le gunna os a chomhair. Ba é an chéad uair dúinne a leithéid a fheiceáil agus sóberáil sé muid—beagán. Ar shlat a dhroma, fear leis na lámha scartha amach, cúpla poll ina chliabhrach—bhí an oiread fola ann gur dheacair a dhéanamh amach cé mhéad piléar go cruinn a chuaigh isteach ann ach 5 nó 6 nó 7, ba chosúil. Seans go raibh an dé ann fós—bhí na súile leathoscailte, gan ach an bán i gceann amháin—ach ní raibh cor as.

Timpeall air bhí slua óltóirí—cuid acu níos fuckáilte ná muide—deochanna agus fags ina lámha agus iad ag caint os íseal le chéile. Rud a sóberáil níos mó muid: fear óg nach raibh deoch ná fag aige, cóta mór leathair, carbhat daite agus léine gheal—ní raibh aon ghunna le feiceáil—ina sheasamh os cionn an choirp, bhain sé a lámha as a phócaí chun a phlapa a zipeáil síos agus a bhobailín a bhaint amach. Agus gach duine ag faire air (stop go leor acu ag caint) mhún sé síos ar mo dhuine—bhí iontas orm gur ligeadh dúinn é a fheiceáil, nach ndúirt aon duine ón slua linn imeacht. An t-ól, is dóigh.

Soir le fear an mhúin ansin, lámha sna pócaí arís, de shiúl réidh luascach, níor bhreathnaigh sé ar dhuine ar bith, ní dúirt tada. Níor thúisce bailithe é nó gur thosaigh an slua ag gleo—gach duine ag caint ag an am céanna atá i gceist agam. Ón méid a chuala mise—bhí Nina ina suí droim le balla agus lagar uirthi fad is a bhí mise ag dul thart ag éisteacht—achrann faoi thalamh ba chúis leis an marú, nó bean, má thuig mé i gceart, nó airgead nó an trí rud, gach seans. Bhuail mé le Maria (breithlá 15 Meán Fómhair: bliain agus 4 mí agus 3 nó 4 lá aici orm—cé mhéad lá atá i Meán Fómhair?) i measc an tslua—ní raibh sise ar scoil ach an oiread. Agus bhí an rud ar fad feicthe aici. Ach sula dtabharfadh sí cuntas dom bhí orm a insint di faoin mbrandy—fuair sí an boladh ar m'anáil murar léir é ó mo shiúl—agus faoin scrios a rinne muid sa teach thoir agus gach rud, agus thaispeáin mé an t-airgead di. Bhí na súile ar leathadh

75

uirthi soicind sular phléasc sí le gáire magúil—bíodh a fhios agam gur leis an gcóta leathair an teach sin.

Ar ais go beo liom chuig Nina leis an drochscéal agus Maria i mo dhiaidh sna trithí gáire. B'fhearr glanadh as seo anois láithreach, gan fiú siúl soir thar an teach sin. Bhí bóithrín cladaigh in aice láimhe agus d'fhéadfadh muid filleadh abhaile ar an trá—dá mbeadh an taoide amuigh. Tharraing mé Nina ina seasamh, mhol mé di análú ar feadh tamaill, go domhain agus go rialta, isteach srón amach béal, siúl thart. Ach dúirt Maria liom ansin nach é an cóta leathair a scaoil na piléir agus rinne sí tuilleadh gáire, níos magúla. Níor chuala Nina an chaint seo agus d'inis mé di ansin go raibh mise sásta fanacht thart, cuma sa fuck agus mar sin de. Bhí luisne de shaghas éigin tagtha ina gruanna faoi seo, rinne sí meangadh agus bhí an splanc le feiceáil ina súile arís. Bhí sí ag aireachtáil níos fearr anois, deir sí, d'fhanfadh sí thart, cuma sa fuck. An diabhailín, dhéanfadh sí dul chun cinn mór sa saol agus an spiorad a bhí aici. Seo an aisling a bhí ag Nina: pointí arda san ardteist, páiste aici an bhliain dár gcionn, cailín, pósadh an bhliain dár gcionn, scabhaitéir, cúpla bliain ina dhiaidh sin dul go dtí an India lena hiníon ar feadh cúig bliana ag taisteal ó cheantar go ceantar sular fhill sí—tá sí in Éirinn i gcónaí, agus a hiníon, Ciara, 16 (breithlá, níl a fhios agam: breis agus fiche bliain agam uirthi).

Thairg Maria fag do Nina, ní domsa—bhí a fhios aici nach gcaithinn (ní chaithim fós). Chewing gum a bhí uaim chun an diabhaltaí boladh sin a cheilt—ní raibh a fhios ag m'athair go raibh mé ag ól ach bhí sé cinnte de go raibh mé ag caitheamh (i.e. fags). Bhí Maria ag iarraidh dul siar chuig an siopa linn chun an t-airgead a chaitheamh ach dúirt Nina go bhfanfadh sí ansin linn. Ach bhí drogall orm í a fhágáil ina haonar—bhí cúpla duine aisteach sa slua gan trácht ar chóta leathair. Faraor ba chuma cé na milseáin a cheannóinn di, uachtar reoite, sú oráiste, bananaí, ag iarraidh fanacht a bhí sí. Bhí a fhios agam go raibh sí in ann aire mhaith a thabhairt di féin ach dá mbéarfadh beirt fhear uirthi, nó triúr, nó níos mó agus níos measa. D'inis mé di ansin nach é an cóta leathair a rinne an scaoileadh, nach raibh i gceist agam cheana faoin bhfanacht thart ach gaisce ach fós ba chuma léi—b'fhéidir go dtarlódh eachtra éigin eile agus ní raibh sí ag iarraidh é a chailleadh. Ach bhí Maria ag brú orm anois, do mo chrá, milseáin a bhí uaithi, uachtar reoite, sú oráiste, banana—dhéanfadh muid rása: 5 nóiméad siar, 1 nó 2 nóiméad istigh ag ceannach, 5 nóiméad aniar, ní raibh ansin ach $5+5+1$ nó $2=11$ nó 12 nóiméad agus drochsheans go dtarlódh aon rud do Nina. Bhí a fhios agam go raibh an ceart aici ach ainneoin sin, bhí mé idir dhá chomhairle. Thosaigh Maria ag áitiú ar Nina rásaíocht in éindí linn, ag tabhairt a dúshláin, ag rá ansin nach mbeadh sí in ann coinneáil suas linn ar aon nós fiú dá dtabharfadh muid tús di ach níorbh óinseach ar bith í Nina, d'aithin sí an cleas, ag fanacht a bhí sí agus sin sin, imigí libh féin, ná bac liomsa ach díreach ansin chuala muid bonnán an otharchairr agus b'in deireadh leis an gcaint ar imeacht áit ar bith.

Bhí na gardaí in éindí leis an otharcharr, cúigear fear mór faoi éide i squad bán agus BMW gorm ar éirigh beirt bhleachtairí as. Lena lámha ina phócaí, sheas bleachtaire amháin—ard, ramhar, maol, croiméal beag, spéaclaí gréine, carbhat oscailte beagán, cóta mór bán agus é salach—os cionn an choirp ag breathnú síos fad is a bhí an fear eile (ag cogaint gum a bhí sé, srón mhór cham, stocaí bána) cromtha ar an talamh roimhe agus cás dubh á oscailt aige. Bhí an slua an-chiúin, níos ciúine ná mar a bhí nuair a mhún an cóta leathair síos ar an bhfear marbh. Cheap mé go raibh an bleachtaire chun é sin a dhéanamh arís, go raibh sé díreach chun a lámha a bhaint as a phócaí agus a phlapa a zipeáil síos nuair a scairt Nina in ard a cinn air: mún síos air! Bhuel, ní raibh an dara rogha fágtha aici agam: mún síos air, a scairt mé féin agus bail ó Dhia ar Maria scairt sise freisin: sea, mún síos air—bhí cúpla duine sa slua ag sciotaíl. Ba chuma cén fhéachaint a chaitheadh an bleachtaire inár dtreo (bhain sé na spéaclaí gréine de) lean muid orainn níos airde agus níos airde, ag preabadh suas anuas ar an talamh, ag bualadh bos go rithimiúil: mún síos air, mún síos air, mún síos air!

Gan choinne ar bith agamsa leis shiúil an bleachtaire ar ais go dtí an BMW, dúirt sé rud éigin agus chuaigh na gardaí eile agus lucht an otharchairr ar ais sna feithiclí agus ní raibh ann ansin ach gur bhailigh siad uile leo—chas siad timpeall agus d'fhill soir. Bhain sé sin gáire as an slua. Bhí díomá ormsa, chun an fhírinne a rá—bhí mé ag súil le tuilleadh bleachtairí a fheiceáil, fear le cailc chun líne a tharraingt timpeall ar an gcorp, fear chun grianghraf a thógáil, mo dhuine á iompar i mála plaisteach isteach san otharcharr, lochán fola fágtha ina dhiaidh (cé a ghlanfadh é, na gardaí, fear an tí tábhairne, na gaolta nó an bhfágfaí faoin mbáisteach é?) agus gach eile a bhaineann le dúnmharú. Orm féin a bhí an milleán, ar ndóigh, ag iarraidh a bheith freagrach as Nina—ní raibh lagar ar bith uirthi anois.

Duran a rinne an scaoileadh, a deir Maria agus í tosaithe ar a cuntas. Maidir le cóta leathair (sin an leasainm a bhí air) ní raibh ann ach cladhaire nó pé ainm a thugadh muid na laethanta sin ar dhuine ar stupid cunt amach is amach é, geáitsíocht, caint mhór, fear a nochtfadh a bhobailín do ghasúir, chuala muid trácht ar a leithéid cheana. Ach duine thar a bheith contúirteach ainneoin é a bheith ina chladhaire nó pé ar bith é. Duran, bhainfeadh sé úsáid as cóta leathair ó am go chéile, nuair a theastódh bulaí, duine chun teachtaireacht a sheachadadh, stupid cunt chun drochobair a dhéanamh. Ach Duran é féin, scéal eile ar fad é sin—fear a raibh uaisleacht áirithe ag baint leis, ainneoin go maródh sé gan trócaire thú dá gceapfadh sé go raibh sé tuillte agat nó nach raibh an dara rogha aige, fear nó bean, cailín nó buachaill, páiste fiú, sin gan trácht ar na céadta piscíní cait agus coileáin ghadhair a bhí báite aige san fharraige nó sna lochanna.

Ag an bpointe seo b'eo ar ais anoir cóta leathair agus é ar buile, smacht caillte aige air féin, siúl stadach, lámha ag dul suas anuas, ag rámhaillí ar an mbás mall a d'fhulaingeodh an duine ba chiontach leis an scrios ina theach. In éindí leis bhí Johnny (is dóigh), cladhaire eile. D'aimsigh seisean an cás dubh a fágadh in aice leis an gcorpán—rudaí a bhain le dlí-eolaíocht a bhí iontu, mhol sé do chóta leathair é a thabhairt abhaile leis agus ba ghearr go mbeadh lorg na méar aige. Ach cá raibh na gardaí? Chuaigh scór méar inár dtreo agus mhínigh mionchladhaire éigin gach a raibh déanta againn.

Ghéaraigh cóta leathair a shúile, bhreathnaigh ó dhuine go duine eadrainn agus ansin: scram, kiddies.

Sin mar a labhraíonn sé i gcónaí, a dúirt Maria linn

79

agus muid ag siúl síos an bóithrín cladaigh, Béarla lofa gránna. Níor labhair sí faoi arís, ná faoin marú, ní raibh aon suim againn ann níos mó. Ar mhaith libh cloisteáil faoi m'aisling, d'fhiafraigh sí dínn, céard atá le tarlú dom? Bhí níos mó spéise againn inti sin. Agus bhí áit áirithe roghnaithe aici chun í a insint dúinn.

Bhí sruthán ag rith anuas idir na garraithe agus thíos ar an gcladach bhí an seandroichead tite as a chéile agus ceann nua tógtha ina áit ag an gComhairle Chontae bliain ó shin—ní raibh ann ach cnocán garbh coincréite leagtha anuas ar dhá phíopa mhóra fhada chun an t-uisce a ligean amach ar an duirling agus síos chun na farraige. Bhí roinnt mhaith damáiste déanta cheana féin do na píopaí ag tuilte an tsrutháin agus ag stoirmeacha na farraige: scoilteanna, ailp ar iarraidh, píopa amháin calctha ar fad ag gaineamh agus clocha—d'fhéadfá siúl (cromtha) isteach sa cheann eile agus breathnú suas trí na poill ar an spéir, rud a rinne muid sular shuigh muid ar na píopaí chun éisteacht le haisling Maria.

Tháinig carr anuas an bóithrín, siúl faoi, agus stop le díoscán coscán ag a bhun, 20 méadar uainn, thart air, 25, 30. Bhí ceathrar istigh ann, agus iad ag breathnú orainn. Ar chúl bhí cóta leathair agus Johnny, chun tosaigh Duran agus a thiománaí, fear óg, col cúigir leis. Múchadh an t-inneall. Tar éis b'fhéidir nóiméad iomlán—bhí muid in ann iad a fheiceáil ag caint le chéile—d'éirigh Duran (mór, iompar aclaí aige, ach an tseanseanaois le feiceáil i roic a éadain) as an gcarr, agus go réidh luascach, ar nós nach raibh ann ach spaisteoireacht Domhnaigh, shiúil sé inár dtreo, lámh amháin ina phóca, caipín píce brúite siar ar a chloigeann agus é ag breathnú ón talamh garbh faoina chosa suas go dtí an fharraige ar thaobh a láimhe clé. Dhírigh mé mo chloigeann ar an bhfarraige, d'éist le torann tomhaiste na mbróg nó gur stop siad díreach ar ár gcúl.

Ansin tost.

Bhí an fharraige an-chiúin, rud neamhghnách, ní raibh gaoth ar bith ann, faoileán nó éan cladaigh nó rud ar bith ní raibh le cloisteáil: tost. Tost a bhris Duran faoi dheireadh lena ghlór íseal séimh. Faoin bhfarraige a labhair sé, faoi na taoidí, faoi na héisc, faoi iomramh i gcurach, faoi stoirmeacha, focail nár chuala mé cheana, focail ón seansaol, mar a mhínigh sé, rudaí nach mbeadh ar eolas ag óige an lae inniu, nach mbeadh aon suim acu ann, ná meas fiú, agus iad millte ag TV agus na scannáin, meallta ag airgead, droch-cheol, éadaí áiféiseacha, drugaí, aislingí bréige. Labhair sé faoin bhfeamainn, faoi na hoileáin, faoin iascaireacht, faoi gach ar féidir a rá faoin bhfarraige, ba chosúil.

An bhfuil duine ar bith agaibh in ann, a d'fhiafraigh sé le glór a bhí ardaithe beagán, freagra a thabhairt ar an gceist a chuirfidh mise oraibh?

Bhí tost iomlán ann. Ghéaraigh mé mo chluasa, ag súil go n-aimseoinn rud éigin. Tada. Bhí mo dhroim agam leis, bhí Nina le feiceáil ina suí droim le farraige os mo chomhair agam ach bhí Maria ag mo thaobh, beagán taobh thiar díom—bheadh orm mo chloigeann a chasadh chun breathnú uirthi.

Go tobann thuig mé go raibh torann ann—uisce an tsrutháin ag rith amach as an bpíopa fúm thar chlocha na duirlinge síos go dtí leibhéal na farraige, go dtí na carraigeacha agus na moghlaeirí a bhí breac le diúilicíní ach iad róbheag le hithe, mar a bhí mínithe ag Duran dúinn, agus níos faide amach uisce an chuain, calm, an cósta thall, na cnoic, an teach solais agus ar chlé, spotaí bána ar thithe iad, baile beag i gcéin, ba chosúil.

Duran: cá dtéann an t-uisce nuair a thránn an taoide?

Dúirt Maria rud éigin, freagra de shaghas éigin b'fhéidir, ach ba chosúil go raibh slócht tagtha uirthi. Bhí cathú orm casadh agus breathnú uirthi, ligean do Duran taobh m'éadain a fheiceáil: ar nós gur ghluaiseacht nádúrtha é, agus ar ball bhreathnóinn uirthi arís, chlaonfainn mo chloigeann beagán eile, ar nós cuma liom, fiosracht bheag, chun súil a chaitheamh suas ar éadan Duran.

D'éist mé leis an uisce ag rith.

Níl duine ar bith in ann an cheist sin a fhreagairt, dúirt Duran agus lean sé air ansin, ag caint faoin bhfarraige, na rónta agus na smugairlí róin, na crotaí, an ladhrán trá agus eile.

Ar chuala sibh an ceann seo, a ghasúir: key under mat, bottle in cupboard, back at 4? Thosaigh sé ar gháire beag a dhéanamh, íseal, análach, agus nuair a stop sé lig sé osna—as brón, mar go mbeadh air muid a bhá, Nina i dtosach mar ba í ab óige.

Bhí faitíos orm ón tús, ar ndóigh, ach anois bhí sé i ngreim orm, do mo chroitheadh, mo bholg go háirithe, mo chroí freisin, gach a raibh taobh istigh de mo chliabhrach. Romham amach bhí Nina bán san éadan, a súile mar a bhí siad ó tháinig Duran, caite síos ar a méara a bhí ag útamáil idir a dhá glúin, an chosúlacht go raibh sí tar éis cac a scaoileadh ina nicks. Ní raibh smid as Maria. D'éist mé le huisce an tsrutháin ag rith thar chlocha na duirlinge, bhreathnaigh síos ar na carraigeacha a raibh diúilicíní orthu ach iad róbheag le hithe, amach ar an gcuan, ar an gcósta thall, na cnoic, an teach solais.

Chuala mise scéal fadó, a ghasúir, an bheirt seo a ghoid earraí ó theach. Tháinig siad ar cheamara a raibh scannán istigh ann ach gan ach cúpla pictiúr tógtha cheana. Sa seomra folctha lig duine acu a bhríste síos agus le gach ceann de na scuaibíní fiacla thug sé tochas maith do pholl a thóna sular leag ar ais iad sa ghloine ar an tseilf os cionn an doirtil—agus a chomhghleacaí ag tógáil pictiúr. D'fhág siad an ceamara, agus cúpla pictiúr fós le tógáil, san áit a bhfuair siad é sular imigh siad leo. Céard a cheapann sibh faoi sin?

Bhí Nina ar crith, a cloigeann cromtha níos ísle ach d'aithin mé gur ag sciotaíl go ciúin a bhí sí. Chuala mé Duran ansin ag sciotaíl, bhain sé geit asam, d'ardaigh Nina a cloigeann agus bhreathnaigh sí suas tharam, ar Duran, bhí Maria le cloisteáil agam ag sciotaíl in aice liom freisin, thosaigh mé féin ag sciotaíl, chas mé mo chloigeann ar Maria agus bhí sí ag breathnú suas ar Duran. Nuair a stop Duran ag gáire lig sé an osna sin arís, ach anois thuig mé nach raibh ann ach go raibh an aclaíocht a bhain le gáire ag goilleadh ar a chorp, ar a chliabhrach, na scamhóga a bhí fabhtach, b'fhéidir.

Cóta leathair, a ghasúir, dúirt sé i gcogar, déarfaidh mé an méid seo libh—níl ann ach cladhaire.

Agus phléasc sé le gáire, gáire a thóg Nina i dtosach, cladhaire agus asshole, a scréach sí agus chuir sé sin le gáire Duran, cladhaire agus buinneachán a scréach Maria agus bhreathnaigh mé uirthi sular ardaigh mé mo chloigeann chun mo thuairim féin de chóta leathair a thabhairt isteach in éadan Duran (ní cuimhin liom súile chomh cineálta a fheiceáil riamh nó ó shin), cladhaire agus stupid cunt a dúirt mé nó pé ar bith drochainm ba choitianta dúinn ag an am úd.

An osna ag deireadh an gháire, bhí sí ann i gcónaí: níos faide, níos airde, comhartha faoisimh a bhí inti mar gur fada an lá ó lig sé gáire mór croíúil, ó bhí sé ina ghasúr é féin, b'fhéidir.

Agus Johnny, dúirt sé agus a chliabhrach ag preabadh le gáire a bhí sé ag iarraidh a choinneáil isteach fada go leor le go gcríochnódh sé a abairt—cladhaire eile! Bhéic muid.

Nuair a bhí deireadh leis an ngáire rinne Duran casachtach mhór dhomhain agus ansin thóg sé gunna as a phóca. Piostal a bhí ann, ceann le bairille agus poill i gcomhair ní 5 ná 7 ach 6 piléar ann. Chuaigh sé síos ar a chromada agus chaith a shúile ó dhuine go duine. Seo duit, dúirt sé agus leag sé an gunna isteach i lámha Maria. Coinnigh é sin, féirín duitse, a deir sé (ar ndóigh, ní raibh aon philéar ann), ach ná habair tada le duine ar bith, an dtuigeann tú?

D'éirigh sé, bhreathnaigh sé ar an bhfarraige tamall sular shiúil sé ar ais chuig an gcarr, ar nós mar a tháinig sé, go réidh luascach, ag spaisteoireacht le lámh amháin ina phóca, a chloigeann ag breathnú ón talamh garbh faoina chosa suas go dtí an fharraige a bhí ar thaobh a láimhe deise anois. Chuaigh sé isteach sa charr, shuigh sé tamall maith sular oibrigh a bhéal agus ansin dhúisigh a chol cúigir an t-inneall.

Dúirt mé gur aisling Maria a bhí ansin ach anois agus é curtha síos agam is cuimhin liom gur tharla sé i ndáiríre—tá an gunna ag Maria i gcónaí mar chruthúnas.

Agus m'aisling féin? Ní bhfuair mé aon obair ó Duran,

b'in a bhí uaim ón lá sin amach. Bhí mé ina chomhluadar cúpla uair, sa seomra céanna atá i gceist agam, tithe tábhairne, ach ní raibh an misneach agam labhairt leis, an lá sin a chur i gcuimhne dó, an chaoi a ndeachaigh sé i bhfeidhm orm. Agus ansin, lá amháin, ní raibh sé ann níos mó. An tsochraid ba mhó sa cheantar le fada an lá, deir siad. B'iontach go deo an duine é, bhí siad ar aon intinn faoi sin. Ainneoin nach dtaitneodh rudaí áirithe a dhéanadh sé leo b'in an tuairim a bhí i mbéal gach duine, agus aon drochrud a bhíodh luaite leis chuirtí an milleán ar chóta leathair nó ar Johnny. Dhéanadh daoine leithscéal do Duran i gcónaí agus aon duine nach ndéanadh, d'fhanfá amach uaidh as sin amach (dá mb'fhéidir é). Bhí mé 16 agus níor fíoraíodh m'aisling, 17, 18, 19, 20, 21 agus ansin fuair sé bás agus bhí an deis imithe. Bhí orm bheith sásta, mar aisling, breathnú ar an gcarr, an t-inneall ag rith, á thiomáint suas an bóithrín faoi luas mór—tiománaí an-sciobtha (ach an-mhaith) é col cúigir Duran. Thiomáin sé ar gcúl an bealach ar fad suas an bóithrín, bóithrín cúng agus drochdhromchla air. D'fhéadfadh sé casadh timpeall, two point turn a bheadh ann, bhí spás ag bun an bhóithrín, ach b'fhearr le Duran é mar sin, bheith á thiomáint i ndiaidh a chúil, mar gur thaitin sé leis a bheith ag breathnú ar an bhfarraige, rabharta agus mallmhuir, tuile agus trá.

Cosaint

Ba iad na teifigh a d'inis dom fútsa i dtosach: tháinig siad anoir an bóthar, fir, mná agus gasúir, traochta ag an siúl, a maoin ar iompar acu. Scéalta uafáis le hinsint. Go raibh na bailte i ndiaidh a chéile ionsaithe agat, creachta, scriosta. Go raibh na daoine uile maraithe: ar nós buachaillí a chéasfadh ainmhithe, francaigh, éin, cait, madraí, asail, agus nach mbeadh ann dóibh ach spraoi, chéas tú ainmhithe as spraoi, agus chun a thaispeáint do na fir, na mná, na gasúir céard a bhí i ndán dóibh. Bhí teipthe ar gach iarracht cur in aghaidh chumas d'airm; ní raibh sé de mhisneach an iarracht féin a dhéanamh le teann imeagla roimh do bharbarthacht. Ní raibh fágtha ach teitheadh siar.

Fúmsa a bhí sé cinneadh a dhéanamh: teitheadh, ár dtailte a thréigean, ár dtithe, ár maoin, nó seasamh. Rinne mé mo mhachnamh. D'fhógair mé go raibh íobairt ag teastáil. D'ordaigh go dtabharfaí ar lámh céad beithíoch.

Rinneadh amhlaidh.

Go trócaireach, mar is nós do mo mhuintir, cuireadh an scian lena muineál agus thit siad marbh. D'ordaigh go dtabharfaí ar lámh céad duine, fir, mná agus gasúir, daoine d'ardmhisneach.

Rinneadh amhlaidh.

Réitíodh an deoch nimhe, tugadh dóibh í. Tháinig tuirse ina súile, thit codladh orthu, d'imigh an dé astu. D'ordaigh mé go dtabharfaí ar lámh scór laoch de mhisneach neamhghnách. Sheas siad go cróga romham. Mhínigh mé: tugaigí na coirp soir, ainmhithe agus daoine, scaip ar dhá thaobh an bhóthair iad. Cuirigí an chosúlacht orthu gur céasadh iad: cuimhnígí ar a bhfuil cloiste agaibh ó na teifigh ach ní mór daoibh dul thairis sin—gach céasadh ba mheasa, ba dhíchéillí, ba bharbartha ar féidir le samhlaíocht an duine a chruthú, cuirígí i bhfeidhm iad.

Ag an bpointe seo ba mhaith liomsa—an scríbhneoir—labhairt leatsa—an léitheoir. Níl sé i gceist agam aon chur síos a dhéanamh ar an mbail a cuireadh ar na conablaigh agus ar na coirp sin. Ba mhaith liom go mbainfeá úsáid as do shamhlaíocht féin. Tá cúnamh ar fáil duit. Sna siopaí feicfidh tú irisí faoi dhúnmharfóirí agus a modhanna dúnmharaithe, tá leabhair faoi chéasadh sa stair, cur síos ar na fearais, na baill choirp, agus mar sin de. Agus, ar ndóigh, tá na scannáin ann, gheobhaidh tú iad ar fístéip mura bhfuil siad á dtaispeáint sna pictiúrlanna. Ach ní leor aithris ar a bhfuil ar fáil duit ansin. Má chuireann do chuid taighde olc ort, ní mór duit an t-olc sin a shárú, agus an sárú a shárú arís go mbeidh olc thar olc ort. Thíos faoi seo tá spás bán. Ba mhaith liom go scríobhfá an céasadh a shamhlaigh tú ansin, nó pictiúr a tharraingt, sula leanfaidh tú leis an léamh, má bhíonn an fonn sin fós ort.

Rinneadh amhlaidh.

An lá ina dhiaidh sin tháinig tú. Chuala mé tú sula

bhfuair mé amharc ort. Drumadóireacht, béicíl, liúireach bharbartha d'airm. Chonaic tú an feic a bhí réitithe agam romhat. Stop tú. D'ísligh an gleo nó go raibh tost marbhánta ann. D'éirigh liom déistin a chur ort. Déistin a chlaochlaigh ina himeagla roimh an dream a dhéanfadh a leithéid d'uafás. D'iontaigh tú ar do sháil. D'imigh soir agus lean d'arm thú.

Ar an gcaoi sin shábháil mé an baile, agus na bailte níos faide siar. D'umhlaigh mo mhuintir roimh an scór laoch. D'umhlaigh an scór laoch romhamsa.

Ach sula raibh mí caite tháinig tú arís, aduaidh agus aneas, gan choinne. Rinne tú sléacht fíochmhar. Tá an ceantar ar fad faoi smacht agat anois agus d'arm i mbun foréigin ar gach taobh.

Tá barbarthacht dhochreidte curtha agat i mo leith agus i leith mo mhuintire. Ba chóir dom a bheith buíoch díot as an deis seo a bhronnadh orm míniú a thabhairt os comhair do chúirte, sula ndaorfaidh tú chun báis mise agus mo mhuintir uile, go mall agus go míthrócaireach. Ach an bharbarthacht a chonaic tú ionam, ní mór duit a admháil anois gurb é do bharbarthacht féin a chonaic tú.

An tSáinn ina bhFuil Mé

I

Ní raibh mórán airgid agam. Dá mbeadh orm é a chaitheamh ar an mbus is í May a bheadh ag íoc as na piontaí an oíche sin, arís.

Bhí síob faighte agam chuig crosbhóthar sceirdiúil idir dhá bhaile agus uair an chloig caite agam ar an ordóg ann. Carr eile, d'imigh sé tharam, mallacht eile curtha agam ina dhiaidh. Ansin thosaigh sé ag cur báistí. Báisteach éadrom i dtosach, an chosúlacht air nach mbeadh ann ach múr, ansin gleadhradh. Bhain mé foscadh amach, foscadh a bhí bainte amach le cúig nóiméad ag an dá bhó sa gharraí taobh thiar díom, faoi chrann mór darach istigh ó imeall an bhóthair, áit arbh ar éigean a d'fheicfeadh na tiománaithe m'ordóg, dá mbacfainn lena hardú. Bhí na beithígh ag cogaint na círe, súile móra suanmhara ormsa, amadán.

Nuair a shroich an bus an sráidbhaile bhí an bháisteach stoptha ach fós trí mhíle le dul agam go dtí an teach. Sheas mé deich nóiméad ar imeall an bhaile, ordóg ardaithe, ag breathnú ar na tiománaithe do mo scrúdú sula ndéanaidís comhartha láimhe chun tabhairt le fios gur ag casadh ar chlé a bhí siad, ar dheis, dul suas bóithrín éigin, suas an bóithrín céanna a raibh mise ag dul, gach seans. Faoi dheireadh, le teann mífhoighne agus éadóchais, thosaigh mé ag siúl. Chaith sé múr trom, d'éirigh liom foscadh a fháil i seanfhothrach, áit ar éist mé leis na carranna ag dul tharam, ar chuimhnigh mé ar an aicearra a thóg muid an uair dheiridh, mise agus May, lá brothallach Lúnasa. Shiúil mé, d'aimsigh an t-aicearra, chuaigh amú cúpla uair, shiúil mé tríd an bhféar ard chun an phuiteach a ghlanadh de mo bhróga agus ar deireadh thiar thall d'aithin mé díon an tí os cionn na gcrann. A trí a chlog a bhí sé, mé ag súil le bheith ann ag meán lae.

A máthair a tháinig chuig an doras, a d'oscail ar éigean é. Bhí duifean ar an spéir, bhí mo phócaí beagnach folamh, bhí tuirse orm, ocras, tart.

Níl May istigh, a dúirt sí sula raibh deis agam rud ar bith a rá.

Tá sí ag súil liom, a dúirt mé, tá mé mall.

Doicheall a bhíodh ag an máthair romham i gcónaí, cheap mé. Bhí sé tugtha faoi deara agam nach bhfanfadh sí in aon seomra liom nuair a bhínn ar cuairt ag May—ba é seo an cúigiú deireadh seachtaine dom bheith ann. Ná bac léi, a deireadh May, sin mar atá sí, níl ann ach nach bhfuil sí ag iarraidh cur isteach orainn. Rug mé uirthi cúpla uair ag breathnú orm ach dhiúltaíodh sí teagmháil súl a dhéanamh liom. Ba chosúil gur ar mo bhéal, mo smig, mo mhuineál a bhreathnaíodh sí agus í ag labhairt liom—agus ar éigean a bhí scór focal ráite aici liom ó cuireadh in aithne muid den chéad uair. Leathfhreagraí a thug sí ar an gcúpla ceist a chuir mé uirthi, fiosracht ar bith níor léirigh sí fúmsa, cé as thú, ceist ar bith níor chuir sí orm, as béas, fiú, cén chaoi a bhfuil an cúrsa ollscoile ag dul, cén áit ar fhoghlaim tú Gaeilge, an maith leat an baile mór?

Thug sí isteach go dtí an chistin mé, tharraing cathaoir amach ó cheann an bhoird agus thug comhartha dom suí. Chuir sí an citeal síos agus ar an gceann eile den bhord ghearr sí dhá phíosa aráin, chuir sa tóstaer taobh thiar di iad, ghearr dhá phíosa eile, ghearr cáis, tráta, oinniún, cúcamar agus í ag caint an t-am ar fad, glór íseal séimh aici, ceolmhar, rithimiúil, í ag trácht ar an samhradh a bhí caite, an geimhreadh a bhí romhainn, an aimsir a bhí ann inné, a bheadh ann amárach. Bhí an dá phíosa tósta preabtha aníos ón tóstaer agus í ag labhairt ar chomharthaí aimsire, im curtha orthu agus í ag trácht ar réamhaisnéisí, an ceapaire déanta agus curtha ar phláta aici dom, rinne sí cur síos ar stoirm mhór a chonaic sí fadó, ar hairicín a taispeánadh ar an teilifís le gairid, bhí pota caife leagtha aici romham, muga agus spúnóg in aice leis.

Siúcra, a d'fhiafraigh sí, bainne?

Dubh, a dúirt mé, go raibh maith agat.

Chuir sí an dá phíosa aráin eile sa tóstaer, ghearr tuilleadh cáise, tráta, oinniúin, cúcamair, fuair liamhás ón gcuisneoir, crúsca maonáise, leitís, ach í ina tost anois. Bhí bolgam bainte agam as an gcaife, é blasta ar mo theanga, scalladh breá i mo scornach, plaic bainte agam as an gceapaire, boige, úire. D'ith mé an ceapaire, d'ól mé an caife. Líon sí muga eile caife amach dom, leag sí ceapaire eile ar an bpláta romham. Ansin, go tobann, bhí sí imithe.

Bain díot na stocaí fliucha sin, a dúirt sí agus geit bainte aici asam. Bhí péire stocaí ina lámh, í seasta taobh liom, níos gaire ná mar a bhí sí riamh dom, beagnach i dteagmháil liom, ag breathnú síos ar mo chosa, tolgfaidh tú slaghdán mura dtugann tú aire duit féin.

Triail ort na bróga seo, a dúirt sí agus shín chugam iad, bróga den tseanstíl, iad caite, deannach orthu.

Ba le m'fhear céile iad, a dúirt sí agus í fós ag breathnú síos ar mo chosa, a bhí nochta agam.

Bhí na stocaí tirim agus teolaí, ní raibh na bróga ach beagán rómhór dom, bhí mo bholg lán, bhí blas an chaife fós i mo bhéal.

Tar anseo, a dúirt sí.

Agus lean mé í, amach as an gcistin agus ar dheis síos an halla fada. Fuair mé spléachadh ar an spéir tríd an dá fhuinneog bheaga ar chlé agus mé ag dul tharstu, scamaill dhorcha, báisteach air, gaoth sna crainn, cuma thoirniúil, stoirm ar an mbealach. Bhí bun an halla beagnach sroichte aici, áit ar thosaigh an staighre ag dul suas chun na seomraí leapa, trí cinn acu, seomra Mhay, seomra breise agus a seomra féin. Stop sí, chaith súil siar orm agus ar dheis d'oscail sí doras isteach i seomra nach raibh mé ann riamh.

Seomra mór geal a bhí ann, tine bhreá ar lasadh agus dhá chathaoir uilleann ar gach aon taobh den teallach. Sa bhalla ar a aghaidh sin bhí fuinneog mhór leathan agus deasc faoi, lán le cóifríní agus le tarraiceáin, nuachtán oscailte scartha uirthi. Sa dá bhalla eile bhí seilfeanna agus iad lán le leabhair.

Tá suim agat sna leabhair, a dúirt sí, nach bhfuil?

Níor thug mé freagra agus mé ag iarraidh a dhéanamh amach cén chaoi a raibh a fhios sin aici. May. . .

M'fhear céile, chaitheadh sé go leor ama anseo.

Go ciúin dhún mé an doras taobh thiar díom, thóg coiscéim i dtreo na seilfeanna in aice liom. Leabhair Ghearmáinise den chuid ba mhó, de réir cosúlachta, an corrcheann Béarla ina measc.

Suigh cois tine, a dúirt sí.

Shuigh mé sa chathaoir uilleann ba ghaire dom, shín mo lámha amach i dtreo na tine, chas mo chloigeann chun breathnú uirthi, ar mháthair Mhay. Ina suí ag an deasc a bhí sí, cliathánach ar chathaoir a raibh a droim liom, taobh a héadain le feiceáil agam agus í ag breathnú síos ar an nuachtán, a lámha fillte go daingean ina hucht. Bhí an seomra an-chiúin ar feadh tamaill.

Caithfidh sé go bhfuil os cionn míle leabhar sa seomra seo, a dúirt sí faoi dheireadh, cuid mhaith acu léite agam, cuid acu níos mó ná uair amháin, agus tá tuilleadh thuas staighre, tá a fhios agat, i mo sheomra leapa.

Ansin d'éirigh sí go místuama, shiúil lena lámha fós fillte ina hucht chomh fada leis na seilfeanna ar an taobh thall den seomra agus chrom chun dromanna na leabhar a scrúdú. Bhí sí tamall ann sular phioc sí amach ceann, d'oscail é agus bhreathnaigh isteach ann. D'fhan sí ansin, gan chorraí, ag léamh, de réir cosúlachta.

Ag an bpointe seo, agus gan smid ráite agam ó tháinig muid go dtí an seomra, bhí caint réitithe agam, ceist. Cén leabhar a bhí ann? Agus b'fhéidir, dá dtiocfadh mo ghlór liom go n-iarrfainn uirthi cuid de a léamh os ard dom, déarfainn léi go raibh glór álainn aici, gur mhaith liom dá suíodh sí sa chathaoir uilleann trasna uaim, nár ghá a bheith chomh míchompordach le chéile.

Ach tháinig scáth i lár na fuinneoige. Fear a bhí ann, taobh amuigh bhí seanfhear ina sheasamh lena éadan claonta in aghaidh na gloine, a dhá shúil ar mo dhá shúil féin. Baineadh geit asam. Bhí cuma mhíshásta air, fearg b'fhéidir, bagairt.

Bhí mé chun a haird a dhíriú air, breathnaigh, bhí mé chun a rá, breathnaigh ansin, bheadh creathadh i mo ghlór, ach ansin ní raibh sé ann ar chor ar bith, an seanfhear, féasóg air, gruaig fhada liath. Ar mo shúile a bhí sé, nach ea? Ní déarfainn tada. Bhí mo chroí ag bualadh níos sciobtha anois. Bhí an seomra athraithe, bhí sé níos dorcha. An aimsir, ab ea? Níorbh ea.

Le lámh amháin, a lámh chlé, an lámh ba ghaire dom, thaispeáin sí dom an leathanach a bhí oscailte aici, an leathanach teidil.

Das Urteil und Andere Erzählungen, a dúirt sí, an maith leat Franz Kafka?

Is maith, a dúirt mé agus bhí orm mo scornach a ghlanadh, is maith liom go mór é, aistriúcháin, faraor.

D'iontaigh sí an leabhar uaim arís, bhreathnaigh isteach ann, chas cúpla leathanach eile. Ar an bhfuinneog chuala mé braonta troma báistí ag titim i rithim mhall neamhrialta, gan mo shúile a bhaint di chomhairigh mé iad go dtí go ndearnadh dord drumadóireachta díobh.

Gearrscéalta, a d'fhiafraigh mé, ab ea, an bhfuil *A Country Doctor* ann?

Gan breathnú orm ar chor ar bith, chas sí siar go dtí an clár, chrom a cloigeann beagán, ghéaraigh an leathshúil a bhí le feiceáil agam.

Ein Landarzt, dúirt sí, tá, leathanach seachtó is a ceathair.

Lena hordóg chlé d'oscail sí an leabhar ina lár, d'ardaigh cúpla leathanach eile lena hordóg agus chuir ina luí ar chlé iad lena méara, ansin léigh sí os ard.

Ein Landarzt, ich war in großer Verlegenheit; eine dringende Reise stand mir bevor.

Stop sí. Bhí an bháisteach ag drumadóireacht go hard torannach ar an bhfuinneog.

Bhí mé i gcruachás, dúirt mé, bhí aistear fada romham.

Tuigeann tú Gearmáinis, dúirt sí, a cloigeann ardaithe, a súile ar mo mhuineál. Shlog mé seile.

Cén fáth nach suífeadh sí sa chathaoir uilleann eile, cén fáth nach léifeadh sí an scéal os ard dom, go mall agus go cúramach? Shuífinn ar an urlár ag a cosa chun éisteacht go cruinn le ceol na bhfocal Gearmáinise, leagfainn lámh ar a colpa, chuimleoinn a lorg. Thabharfainn póg dá glúin chlé, dá glúin dheis, bheidís le feiceáil faoi bhun an ghúna dá mbeadh sí ina suí. Os mo chionn bheadh a lámha áille lena méara fada tanaí agus an leabhar ina luí orthu, phógfainn caol a láimhe deise, caol a láimhe clé, lífinn sna spáis idir na méara, craiceann plaisteach an leabhair agus craiceann beo a lámh ar bharr mo theanga.

Ní thuigim, d'fhreagair mé, ach tá a fhios agat, is minic léite agam é, an scéal sin, an-mhinic, an dtuigeann tú, san aistriúchán.

Cruachás mór, dúirt sí, aistear práinneach.

Shuigh sí, shuigh sí sa chathaoir uilleann díreach trasna uaim. Bhí an leabhar dúnta aici, ordóg ar gach aon imeall, méara leathfhillte faoi, ag breathnú ar chúl an leabhair a bhí sí, ar an ngrianghraf, ar an nóta beathaisnéise. Bhí a dhá glúin nochtaithe romham. Ansin, d'ardaigh sí a súile agus bhreathnaigh isteach sa tine. Bhí a fhios aici, dúirt mé liom féin, bhí a fhios aici gur ag breathnú san éadan uirthi a bhí mé, soicind ar bith bheadh uirthi aghaidh a thabhairt orm, bheadh ormsa iarraidh uirthi an scéal a léamh amach dom, d'iarrfainn cead uirthi suí ag a cosa, cead lámh a leagan ar cholpa a coise clé, lámh eile ar lorg a coise deise, a glúin chlé a phógadh, a glúin dheis, cead líochán suas anuas ar a méara scartha ar dhá chlúdach an leabhair le linn di a bheith ag léamh lena glór ciúin séimh, ceol na bhfocal Gearmáinise ag snámh óna béal isteach i mo dhá chluas. Agus bheadh orm deora a shileadh nuair a dhiúltódh sí, leithscéal a ghabháil, maithiúnas a iarraidh, bheadh orm impí uirthi éisteacht liom, mo chroí a nochtadh di, nach mbeadh? Agus ansin d'fháiscfeadh sí mo chloigeann dá hucht, scarfadh sí a méara ar dhá thaobh m'éadain, laidhricín ar mo ghiall, mac an daba faoi mo chluas agus méar fhada os a cionn, corrmhéar ag cuimilt i mo chuid gruaige, a dhá ordóg ar mo dhá ghrua, d'ardódh sí m'éadan suas go dtí a héadan féin le go mbreathnóinn díreach isteach sna súile brónacha sin lán le deora, agus ansin phógfadh sí mé.

Bhí a súile fós dírithe ar an tine. Ghlan mé mo scornach agus dhírigh mo shúile féin ar an tine, áit a raibh cnap leathdhóite guail tar éis titim síos beagán, na lasracha ag breith ar an leath neamhdhóite, deatach dubh ag éirí, craicleáil. Nuair a bhreathnaigh mé ar ais uirthi is ag breathnú go díreach ormsa a bhí sí, ó shúil amháin go súil eile, ar ais arís, go cúthaileach, nó ar mhisneach é, iarracht bheag d'aoibh an gháire ar a béal, nó ar chaoineadh é? Anois, dúirt mé liom féin, labhair, oscail do bhéal, anois.

Ghlaoigh an guthán, leag sí an leabhar ar uillinn na cathaoireach, d'éirigh agus chuaigh amach. D'éist mé lena coiscéimeanna síos an halla, leis an monabhar cainte bearnaithe le cúpla tréimhse tosta. Thuig mé cé a bhí ann sular tháinig an scairt, May atá ag iarraidh labhairt leat. Chaith mé sracfhéachaintí amach an dá fhuinneog agus ansin d'athdhírigh mé mo shúile ar a héadan ag barr an halla agus mé ag teannadh uirthi, céim ar céim, scáth dubh dorcha in aghaidh an tsolais ón leathchiorcal d'fhuinneog os cionn an dorais taobh thiar di, an glacadán ina lámh dheis.

Dúirt May go raibh brón uirthi gan a bheith romham nuair a tháinig mé agus d'fhiafraigh cén chaoi a raibh an turas. Dúirt mé go raibh sé go maith, go raibh sé réasúnta, go bhfuair mé an bus. Agus an bhfuair mé síob amach go dtí an teach, a d'fhiafraigh sí. Shiúil mé, shiúil mé an t-aicearra. Mhínigh sí faoin ngéarchéim san obair, rud a chuir moill mhór uirthi, bheadh sí in éindí liom ar ball beag bídeach. Slán go fóillín.

Go sciobtha shiúil mé ar ais síos an halla, níor bhreathnaigh amach na fuinneoga, chuir na bróga moill orm agus iad ag titim díom sna sála. Ach ní raibh sí ann. Shuigh mé sa chathaoir uilleann, d'fhan, bhreathnaigh ar na lasracha sa tine, d'éirigh, bhreathnaigh ar an nuachtán ar an deasc, nuachtán Gearmáinise, bhreathnaigh ar na braonta báistí ar ghloine na fuinneoige, ar na crainn sa ghairdín á gcroitheadh ag an ngaoth. D'fhan nó gur luigh mo shúile ar an leabhar ar uillinn na cathaoireach. Anonn

liom chun suí, breathnú ar leathanach an chláir, casadh
chuig leathanach seachtó is a ceathair. *Ein Landarzt.*
Thosaigh mé ag léamh, ag cuimhneamh ar an
aistriúchán, ag iarraidh ciall na bhfocal a dhéanamh
amach, an scéal a leanúint. *Ich war in großer Verlegenheit;
eine dringende Reise stand mir bevor.*

Níl Gearmáinis agat?

May a bhí ann, ina seasamh taobh liom, os mo
chionn, leathmheangadh searbhasach ar a béal. Shuigh
sí ar uillinn na cathaoireach agus phóg sí mé.

Níl, dúirt mé.

Agus an triúr againn timpeall an bhoird sa seomra
suite le haghaidh dinnéir dúirt máthair Mhay gur
cheap sí go raibh mé beagán cosúil lena fear céile. Ní
thuigim cén chaoi a bhfuil tú in ann é sin a dhéanamh
amach, dúirt May gan breathnú orm, bhí an fhéasóg
mhór sin ar Dhaid ón uair a chas sé leatsa, nó sin a dúirt
sé liomsa, ar aon nós. Níl a fhios agam, dúirt a máthair,
sna súile, b'fhéidir, nuair a bhí sé óg. Ach ní fhaca tusa
é agus é óg, dúirt May, nach raibh sé amach go maith
sna ceathrachaidí nuair a chas sé leatsa? Sea, dúirt sise,
bhí sé ceathracha a seacht nuair a rugadh thusa, an aois
chéanna atá mise anois. Cén aois thusa, a Sheáin, a
d'fhiafraigh sí díom. Fiche a trí, dúirt May. Tá cuma
níos sine ort, dúirt a máthair. Tá cuma níos óige ná
ceathracha a seacht ortsa, dúirt mé féin. D'oscail May
an buidéal fíona agus líon amach trí ghloine. B'fhéidir
go bhfuil an ceart agat, dúirt sí agus í ag breathnú orm,
nach ndeirtear go roghnaíonn na mná fir cosúil lena
n-aithreacha, agus na fir mná cosúil lena máithreacha?
D'ardaigh muid na gloiní agus bhuail le chéile iad. Seo

an chéad uair a shuigh an triúr againn síos le chéile, dúirt May, agus an chéad uair a óladh fíon ag an mbord seo ó fuair Daid bás.

Sláinte, dúirt May agus a pionta ardaithe aici. Bhí sí tar éis a rá liom go raibh cead againn codladh le chéile an oíche sin, gur shocraigh sí fiafraí dá máthair, insint di go mbíodh muid á dhéanamh san árasán ar aon nós. Sláinte, dúirt mé féin.

II

Bhí scamaill dhorcha sa spéir amach romham, ceobhrán i gcéin ag teannadh orm. Ba chuma liom mar bhí foscadh agam faoin gcrann mór darach. Mar gur ag taisteal chun í a fheiceáil a bhí mé, ise. Bhí fuacht sna geolaí gaoithe, goimh bheag a d'airigh mé ar chraiceann mo chluas, ar mhullach mo shróine. Ach ba chuma. Bhí cóta mór tiubh fáiscthe agam orm, bhí teas i mo chroí, aoibh an gháire ar mo bhéal. Ag súil liom a bhí sí, sise, ag tnúth liom, dúirt sí é, dúirt sí go luífinn ina leaba an oíche sin, go neamhcheilte, go neamhleithscéalach as sin amach.

May, dúirt an bhó ar dheis an chrainn. A máthair, dúirt an bhó ar chlé. May. A máthair. May. A máthair. May. A máthair, a scairt mé in ard mo chinn. Shéid an ghaoth níos láidre, chuaigh i bhfuaire agus dhún mé cnaipe uachtarach mo chóta. Thug gusta tobann croitheadh do chraobhacha an chrainn a chuir bileoga seargtha ag titim, donn, rua, buí ag snámh anuas timpeall orm. Neartaigh an ghaoth, d'ardaigh léi an cosamar bileog thart ar mo chosa agus scaip san aer iad.

Phlab braon báistí ar an tarramhacadam amach romham, phlab céad braon eile, na mílte, díle a rinne sruthán den bhóthar, abhainn, abhainn a bhí ag cur thar bruach, thosaigh an ghaoth ag sianaíl go géar, sciob léi an duilliúr beo os mo chionn. May, a ghéim an bhó, a máthair, a ghéim an bhó eile. A máthair, a bhúir mé agus ina ghála a bhí sé, ina stoirm mhór mhillteach ag bailiú nirt i gcónaí, an t-aer ar gach taobh díom líonta le huisce ag coipeadh, ag fiuchadh, ag lascadh, ag stróiceadh. Tháinig an tintreach, spréach sí díreach os mo chomhair, phreab splancanna móra gorma ar an talamh romham, tháinig toirneach ina pléasc mhór mhall a d'ardaigh agus a d'ardaigh nó go raibh an talamh ag croitheadh faoi mo dhá chos. Ba chuma sa diabhal liom. Rith mé amach go lár an bhóthair. A máthair! A máthair! A máthair! In aon soicind amháin bhí mé fliuch go craiceann agus an bháisteach ag doirteadh anuas orm. Thug mé aghaidh ar an mbáisteach, d'oscail mé cnaipí mo chóta, sháigh mo lámha go domhain sna pócaí agus scar amach sciatháin an chóta. B'éigean dom siúl ar gcúl le neart na gaoithe, ansin scuab sí aníos ó dhromchla an bhóthair mé, d'ardaigh sí léi mé, suas, suas go bhfuair mé spléachadh ar an mbus ag streachailt leis go mall chugam. Ba rí-chuma liom. Le heitilt a bhí mise.

Threoraigh mé mé féin os cionn ribín liath an bhóthair. Séideadh bó bunoscionn tharam. May, a chaoin sí orm. A máthair, a scairt mé le gáire ina diaidh. Séideadh bó eile tharam, thíos idir mise agus an bóthar a bhí sí, ar cosa in airde leis an ngaoth. A máthair, a bhúir sí aníos orm. Chiceáil mé mo chosa suas agus anuas, d'oibrigh mé sciatháin mo chóta gur scar mé mo chosa ar a droim agus rug mo lámha timpeall ar a muineál. A máthair, a bhéic mé i mbéal glórach na stoirme, ich war in großer Verlegenheit, eine dringende Reise stand mir bevor!

Le cogar ina cluas chlé agus cogar ina cluas dheis stiúraigh mé an bhó os cionn na mbailte i ndiaidh a chéile gur shroich muid an sráidbhaile. Go réidh lean muid an t-aicearra, go deas réidh nó gur aimsigh mé an teach thíos fúm.Tar éis póg a leagan idir a dhá súil, mo lámha a scaoileadh dá muineál, léim mé. D'fhág mé slán léi, buíochas a bhóóóóó agus mé ag titim titim trí na braonta báistí, bileoga a bhí glas, donn, buí, rua, titim níos sciobtha agus níos sciobtha gur thuirling mé díreach os comhair an dorais, mo chosa greamaithe leathmhéadar faoin talamh. Phreab mé deich méadar san aer, d'fhág bróga chomh maith le stocaí i mo dhiaidh, shnámh anuas go cothrom talún ar nós bileog sheargtha in aimsir shocair, boinn mo chos fanta miliméadar os cionn leac fhuar fhliuch an dorais. Leathuair tar éis a deich a bhí sé. Bhí mé luath. Níor bhrúigh mé ar an gcloigín, mú, dúirt mé, múúúúú, a bhúir mé, tá mé leaindeáilte!

Níor tháinig aon duine. Shín mé corrmhéar suas chuig cnaipe an chloigín, ach stop ansin, tharraing ar ais í, lúb í. Chnag mé go stuama ar adhmad an dorais agus ghéill sé roimh mheáchan mo chorrmhéire. Isteach liom thar an tairseach, d'éist. Ciúnas. Dhún mé an doras taobh thiar díom, thóg coiscéim. Bhí dorchadas sa halla romham. Thóg coiscéim eile. Ar dheis bhí doras na cistine, leathoscailte.

Níor thúisce istigh sa chistin nó gur phreab dhá phíosa tósta aníos ón tóstaer. Ar an mbord bhí an t-im, an cháis, an pláta le trátaí gearrtha, oinniún, cúcamar, leitís, bhí pota caife agus muga in aice leis ag fanacht liom, ag súil liom, ag tnúth liom. Líon mé muga caife, rinne ceapaire, d'ól, d'ith, chuir dhá phíosa eile aráin sa tóstaer, rinne ceapaire eile, líon muga caife eile, d'ól mé agus d'ith mé mo sháith. Faoin mbord bhí péire bróg, agus istigh iontu, péire stocaí.

D'ardaigh mé méara mo chos i mboige na stocaí, i bhfairsingeacht na mbróg. Bhí mé te agus teolaí. Bhí mo bholg lán, ligh mé mo bhéal ó chúinne go cúinne agus bhlais maonáis, d'athbhlais caife ar bharr mo theanga. Bhí mé súch, sách, sásta. Ach bhí tnúthán géar i mo chliabhrach, chomh géar le scian, le pian sa chroí.

Ar mo bharraicíní chuaigh mé síos an halla. Stop mé ag an gcéad fhuinneog, spéir gheal ghorm, fáinleoga aeracha ag ardú is ag ísliú, samhradh samhradh. Ghéaraigh an tnúthán ionam, chuaigh mo chroí de bhuillí míthrócaireacha i mo chliabhrach. Thóg mé na trí choiscéim go dtí an dara fuinneog, scamaill dhorcha, snag breac ar bhalla lom coincréite, geimhreadh an éadóchais, geimhreadh na gruaime. Ar aghaidh, a chosa, misneach, ar aghaidh libh.

Go mall stadach bhrúigh mé an doras isteach chun an seomra a nochtadh romham. Solas bog buí, ón tine, ó choinnle, coinnle gach áit, ar an matal, scór acu, coinnle bána, bánghorma agus bándearga, dhá scór acu agus an t-aer beo lena gcumhracht. Coinnle sna spásanna ar na seilfeanna, céir ag sileadh, deoir ar deoir, leathchéad lasair ag luascadh anonn is anall, scáthanna ar an tsíleáil agus ar na ballaí ag athrú anonn is anall. Coinnle ar an deasc, cúig cinn, agus duine cromtha, leabhar faoi, fear ag léamh, chas sé, a chloigeann i dtosach, seanfhear, thug sé aghaidh orm, fear ard, slipéirí air, bríste gan an chrios búcláilte air, veist, gruaig fhada liath, féasóg, spéaclaí agus a chloigeann íslithe chun breathnú os a gcionn orm. Ba léir go raibh geit bainte agam as. Bhreathnaigh sé orm, ceist ina shúile, bhreathnaigh síos orm, ar mo chosa, go géar ar na bróga, imní air.

Ah, Seán, dúirt sé, I've heard so much about you, I was just making myself a spot of breakfast, May's still sleeping.

Ní May atá uaim, dúirt mé, a mháthair atá uaim, do bheansa.

English, man, speak English.

I'm here for the German classes, dúirt mé.

Splendid, what do you know already?

Ich—

No no no! *Ich.*

Ich—

No! *Ich.*

Ich war—

No, idiot! *Ich war, ich war.*

Bhreathnaigh mé ar an gcathaoir uilleann ar an taobh eile den teallach, folamh, ar lasracha na tine, ar lasracha na gcoinnle ar an matal, ar ais ar an gcathaoir fholamh. Cén fáth nach raibh sí ann, ina suí, néal codlata tite uirthi agus í ag fanacht liom? Cén fáth nach raibh mé ag dul síos ar mo ghlúine chun póg na dúiseachta a leagan ar a beola brionglóideacha, mo cholainn ag fanacht, ag súil le comhlíonadh an tnútháin? Bhreathnaigh mé timpeall. Ní raibh duine ar bith sa seomra ach mé féin. Dhún mé mo shúile.

Shiúil mé anonn go dtí na seilfeanna, rith barr mo mhéar feadh dromanna na leabhar, stop agus tharraing ceann amach. D'oscail mé na súile, d'oscail mé an leabhar agus d'oscail mé an litir a bhí istigh ann.

A ghrá, i mo shuí sa seomra léachta dom ní chloisim focail an léachtóra, uaigneas atá orm, caitheamh i do dhiaidh, tá tú uaim chomh mór ag an nóiméad seo, tá mé ag cuimhneamh ar do phóg ar mo bheola, ar na braonta ag rith síos ort sa chith, agus ina dhiaidh sheas muid ar aghaidh a chéile, dhún tú do shúile, roghnaigh mise ball de do cholainn, dhún mé mo shúile féin sular leag póg air, choinnigh dúnta iad agus d'fhan le do phógsa ar an mball céanna colainne ormsa, d'oscail mo shúile, bhreathnaigh ort ag fanacht, súile dúnta, le póg ar bhall colainne eile, liopaí, pluc, glúin, póg fhada mhuirneach, más, dide, poll cluaise, scór póg, dhá scór, ordóg láimhe, laidhricín coise, go dtí ar deireadh phóg mé d'imleacán, choinnigh mo shúile oscailte, bhreathnaigh suas ort agus do shúile ag oscailt, súil ar súil faoi dheireadh, níor fhéad muid fanacht níos mó, is grá liom thú, ní leor na focail sin, is mór liom thú, ní leor, ní leor. A Chríost! Tá adharc fásta orm faoin deasc ag cuimhneamh air. Caithfidh mé stopadh nó náireoidh mé mé féin. Do leannán.

Osclaíodh an doras, dhún mé an litir, dhún istigh sa leabhar í. May a bhí ann, ina seasamh ar an tairseach, ag méanfach, gan d'éadach uirthi ach léine mhór fhireann den tseanstíl, doirn ag baint na sramaí dá súile. Bhí an leabhar i mo lámh dheis, le mo cheathrú, áit nach raibh sé le feiceáil aici. Tháinig luisne orm.

Tá an bricfeasta réitithe, dúirt sí, an bhfuil tú ag teacht?

Tá, d'fhreagair mé, ar ball.

A bhastaird, scread sí, mo náire thú, brocachán,

feallaire, maithfidh mé é do mo mháthair, bean bhocht uaigneach, ach tusa, drochrath ortsa agus ar do ghrá.

May, tá brón orm, May, le do thoil, éist.

An dúirt tú na rudaí céanna léi is a dúirt tú liomsa, a d'fhiafraigh sí agus croitheadh ina glór, deoir i ngach aon súil aici, inis dom, an ndéarfaidh tú, an ndéanfaidh tú na rudaí céanna léi?

May, le do thoil, maith dom é, May.

Ghlaoigh an guthán. Léigh mé an litir arís ó thús go deireadh, d'ardaigh chun mo bhéil í, dhún mo shúile agus phóg í, ligean don ghrá an ceann is fearr a fháil ar an mbrón, léigh uair amháin eile ó thús go deireadh í.

Tá Maim ag iarraidh cúpla focal leat, a Sheáin, a scairt May ón nguthán.

Shiúil mé síos an halla, sa chéad fhuinneog bhí spéir ghorm, lá don siúl, a dúirt mé le May thíos ag barr an halla, scáth in aghaidh an tsolais, cuair a colainne le feiceáil faoin éadach, neamhbhriste le haon fho-éadach, an glacadán ardaithe ina lámh. San fhuinneog eile, scamaill dhorcha, lá don leaba, a dúirt mé le dorchadas a héadain. Le casadh beag aerach sheas sí as an mbealach dom, cuirfidh mé an bricfeasta amach, a dúirt sí agus chaith meangadh dána orm sular bhrúigh sí ar dhoras na cistine.

Tá brón orm, haló? Tá brón orm, a Sheáin, as bheith mall, tá a fhios agat Mrs Smyth sa siopa, í ag iarraidh an scéal ar fad a tharraingt asam, ligean uirthi nach bhfuil a fhios aici tada, ach is cinnte go bhfuil an chúlchaint cloiste aici.

Tá brón orm, a dúirt mé.

Brón?

Ní raibh mé ag iarraidh aon trioblóid a tharraingt ort.

Is cuma sa sioc liom, éad atá uirthi, gach seans. An bhfuil a fhios agat ach tá saoirse tugtha agatsa dom ar bhealach éigin. Tar éis na mblianta fada dom bheith faoi chos tá misneach agam aghaidh a thabhairt ar an saol. Tá mé ag iarraidh a bheith leat anois láithreach, haló, an gcloiseann tú mé?

Cloisim, cloisim, tá mise ag iarraidh tú a bheith liom freisin, déan deifir abhaile, an bhfuil a fhios agat ach tá adharc orm ag tnúth leat, tá mé ag breathnú ar an meall i mo bhríste anois.

Coinnigh agam é, a thairbhín dána agus ceannóidh mé ruidín deas duit sa bhácús le haghaidh bricfeasta.

Ach tá May ag déanamh bricfeasta.

May? Tá May leat?

Tá! Cén fáth nach mbeadh?

Bréagadóir! Is di sin atá an meall sin i do bhríste, feallaire, brocachán, drochrath ortsa agus ar do ghrá lofa. Clic.

Sheas mé os comhair dhoras na cistine. Istigh bhí May ag feadaíl, nó an rud a dtugadh sí feadaíl air, aer á shéideadh amach idir a beola in éindí le leathfheadaíl. Comhartha, bhí a fhios agam, go raibh sí sásta. Chrom mé mo chloigeann. Bhí an meall i mo bhríste imithe, bhí tocht i mo scornach, focail ag iarraidh teacht amach. Ach in aimhréidh a bheidís, na mothúcháin bunoscionn, droim ar ais, trasna ar a chéile. Chas mé, thug aghaidh ar an halla, shiúil. An bhail a bhí orm, tar éis bheith ag súil chomh mór sin leis an lá fada a bheadh romham. Ar éigean a thug mé suntas don ghrian mhór bhuí ag taitneamh sna fuinneoga, do na braonta báistí greamaithe don ghloine, neamhshilte. Drochlá.

Bhí an seomra dorcha, na coinnle uile múchta,

boladh céarach i mo shrón, deatach géar ag cur casachta i mo scornach, uisce ag brúchtadh i mo shúile. Ar uillinn na cathaoireach bhí mé in ann an leabhar a dhéanamh amach, phioc suas é, cuimhní, bheadh misneach ansin dom, d'oscail ina lár é. Shiúil mé chun é a leagan ar an deasc, chlaon chun tosaigh chun an dá chuirtín a tharraingt óna chéile chun solas an lae a ligean isteach, solas lag liath na spéire ar dhá leathanach breac le litreacha i dteanga a bhí coimhthíoch amach is amach domsa. Cén tseafóid a bhí orm? Ní raibh misneach ar bith le fáil ansin. Deora a bhí ó mo shúile, ní focail, ucht le m'éadan a bhá ann, súile chun mo chroí a nochtadh dóibh. Sádh scian i mo chroí. An litir.

A Chríost! An litir! Litir phríobháideach, dá léifeadh an duine mícheart í! Chuardaigh mé faoi chuisín na cathaoireach clé, faoin gcathaoir í féin, chuardaigh faoi chuisín na cathaoireach deise, faoin gcathaoir, tada. Scrúdaigh an deasc, leac na fuinneoige, tada, an tseilf leis na leabhair seasta ceann i ndiaidh a chéile, seilf os cionn seilfe, agus thall ansin an balla eile, seilfeanna os cionn a chéile, leabhair i ndiaidh a chéile, leabhair—Dia á réiteach bhí os cionn míle acu ann! Drochlá! Drochlá! Rith mé anonn agus bhain leabhar amach, d'oscail an clúdach cúil, le m'ordóg dheis scaoil na leathanaigh siar go dtí an clúdach tosaigh, tada, sháigh isteach arís é, bhain an ceann in aice leis amach, rug ar dhá cheann an droma idir mo dhá chorrmhéar, thug croitheadh dó, thug tuairteáil dó, tada, tada! Sháigh isteach arís é, rug ar cheann eile, ach chuimhnigh mé ansin ar an nguthán. Ar fhág mé in aice leis an nguthán í? B'fhéidir é, seans maith, cinnte, cinnte dearfa siúráilte is ansin atá sí. Sháigh isteach an leabhar agus de rith bhain mé an doras amach.

Young man.

Chas mé timpeall ar an tairseach ar chloisteáil an ghlóir dom. Chonaic mé an seanfhear ag éirí ón gcathaoir in aice leis an deasc.

Yes, young man, I'd like a word with you concerning my daughter.

Shiúil sé anonn chuig an tseilf, phioc amach an leabhar, d'oscail ina lár é. Istigh ann bhí an litir.

What's this?

Ein Landarzt.

Come again, please.

Ein Landarzt. Ich war in großer Verlegenheit, a dúirt mé go stadach, eine dringende Reise stand mir bevor.

Reise, a dúirt sé.

Reise, a dúirt mé féin.

Reise, idiot, it means journey, a chos dheis ardaithe, buatais throm uirthi, you have a journey ahead of you, I may be 69 years old but I intend to kick you all the way back to that sweat-house of a flat of yours.

Ich war in großer Verlegenheit, a dúirt mé, eine dringende Reise stand mir bevor.

And you'll never learn German, you slinking rat.

Níl mé ag iarraidh Gearmáinis a fhoghlaim, a sheanamadáin lofa, éist leat féin, seanGhearmánach lofa ag iarraidh bheith ina sheanSasanach lofa lena chuid Béarla lofa.

There's no use trying on that lingo with me, you young scoundrel.

Ich war in großer Verlegenheit, a dúirt mé in ard mo

chinn agus mé ag siúl isteach sa seomra arís, ortha déanta agam as, ortha an mhisnigh, misneach chun an leabhar a sciobadh as a lámha, scairteadh suas lena bhéal, eine dringende Reise stand mir bevor!

A Sheáin, céard sa diabhal atá ar siúl agat?

May a bhí sa doras, meangadh an iontais uirthi. Shiúil sí isteach, sheas in aice liom agus bhreathnaigh síos ar an leabhar a bhí oscailte idir mo dhá ordóg, mo mhéara leathfhillte faoi. Cá raibh an litir?

Ag caint leat féin a bhí tú. Ag iarraidh Gearmáinis a fhoghlaim atá tú, ab ea?

Sea, a dúirt mé agus tháinig náire orm nuair a d'aithin mé an straois mhagúil a bhí uirthi, ní hea, dúirt mé agus thosaigh ag gáire, phléasc mé le gáire, chrom mar go raibh smacht caillte agam orm féin leis an ngáire.

Ní thuigim cén fáth a bhfuil tú ag gáire, a dúirt sí agus meangadh an iontais uirthi arís, an diabhal ina súile, í tosaithe ag sciotaíl.

Ní thuigim mé féin, a dúirt mé agus chlaochlaigh sé sin a sciotaíl go gáire leanúnach snagach, ní thuigim cén fáth a bhfuil tusa ag gáire ach an oiread, a d'éirigh liom a rá sular chlis na focail orainn beirt leis na rachtanna, greim againn ar ár dtaobhanna, gáire nárbh fhios cén t-údar a bhí leis.

Ag an dinnéar roinn May an braon deiridh den dara buidéal fíona eadrainn. Bhí muid súgach, an teannas briste faoi dheireadh, na mínithe tugtha cheana féin, leithscéalta gafa, pardúin glactha, tuiscint tagtha, an ciontú curtha dínn, an náire, an fhearg, an brón.

An cuimhin libh, a d'fhiafraigh May agus an

seanmheangadh searbhasach uirthi, an chéad uair a shuigh an triúr againn anseo?

Is cuimhin, a dúirt muid as béal a chéile.

Agus go ndúirt mé, ag sciotaíl a bhí sí anois, go roghnaíonn na fir mná cosúil lena máithreacha?

Sméid muid cloigne uirthi.

Máithreacha na mban!

Agus bhí sí ag béiceadh gáire, a súile fliuch leis an ngreann, leis an bhfíon, brón fillte, súile a máthar fliuch anois, deora ag sileadh uirthi. Bhreathnaigh mé orthu ag breith ar lámha a chéile, go drogallach sular thit siad in ucht a chéile chun racht caointe a dhéanamh le chéile.

Now look what you've done, a dúirt sé agus chaith sé an fíon óna ghloine isteach i m'éadan. D'airigh mé na deora fíona ag sileadh orm.

Mise a cheannaigh na piontaí sa teach tábhairne an oíche sin, luach dhá phionta eile fós i mo phóca.

Sláinte.

Sláinte, a Sheáin, lá fada, an lá is faide i mo shaol, sláinte mhaith, a stór.

D'ól sí bolgam mór, chuir síos an pionta ar an mbord, scaoil anáil fhada amach agus thug aghaidh orm.

A Sheáin, déarfainn go mbeadh sé dian uirthi fanacht sa teach agus fios uirthi go bhfuil muid in aon leaba le chéile, caithfidh tú codladh sa seomra leapa breise arís.

Ach beidh tú ag an árasán an deireadh seachtaine seo chugainn?

Beidh.

Rug muid ar lámha a chéile, faoin mbord.

III

Bhí an ghrian tar éis dul faoi ar thaobh na láimhe deise, dath bándearg ar an spéir, dath dúghorm ar chlé, gealach lán ar íor na spéire. Stoptha tar éis an chrosbhóthair a bhí mé, chun lán na súl a bhaint as áilleacht an chlapsholais, sracfhéachaint a chaitheamh ar na beithígh sa gharraí, staidéar a dhéanamh ar an gcrann darach. Bhí taifead saoil i stoc an chrainn sin, fáinne in aghaidh na bliana, aimsir mhaith agus drochaimsir, fás mór agus fás beag. Agus taifead saoil i gcuimhní an duine, géarchéimeanna, géarphianta a dteastaíonn blianta chun iad a mhaolú, blianta móra don duine, blianta beaga don chrann. . . Dé hAoine, tráthnóna álainn fómhair. . . Cuimhní. . . Fáinní. . . Bhrúigh mé mo chos dheis ar an troitheán agus thiomáin liom abhaile. Bhí mé mall cheana féin.

Nuair a pháirceáil mé os comhair an tí ní raibh solas ar bith le feiceáil. Chas mé an eochair sa doras, bhrúigh ar an lasc taobh istigh—fós dorchadas. Dorchadas sa chistin, sa seomra suite, ach dhá chearnóg gheala roinnte ar bhalla agus urlár an halla amach romham. Solas na gealaí. Leag mé mo mhála ag bun an chrochadóra, bhain mo sheaicéad díom, chroch suas é agus shiúil síos. Haló, a ghlaoigh mé.

Bhí coinnle de gach saghas, méid agus dath ar lasadh i seomra na leabhar, ar an deasc, ar imill na seilfeanna, i bhfochupáin ar an urlár, deich gcinn i líne ar an matal. Agus tine mhór bhreá ar airigh mé a teas ón tairseach. Sa chathaoir uilleann cois teallaigh, a cloigeann crochta ina lámh dheis, néal tite uirthi, bhí Ruth, leabhar dúnta ar a glúine, i ngreim éadrom na láimhe clé, corrmhéar sáite isteach idir na leathanaigh. Radharc é seo a bhí feicthe agam cheana, ach i gcónaí a thugadh orm fanacht mar a raibh mé, staidéar a dhéanamh air—mo leannán ina codladh: súile dúnta, cuair bheaga na bhfabhraí, matáin uile a héadain scaoilte, roic na baithise mínithe, béal oscailte oiread na fríde, iarracht de mheangadh uirthi nó an ar mo shúile é agus meangadh ag teacht ar mo bheola féin, mo leannán chomh socair go mbíodh orm dul gar di, imní bheag orm, féachaint nach é an bás ba chúis leis ach codladh, codladh chomh sámh sin, chomh suaimhneach gur deacair creidiúint gur mistéir é an codladh, gach a bhfuil ag tarlú istigh sa bhlaosc sin, na pictiúir, an chaint, na cuimhní. . . Ba mhíorúilt é, an taitneamh súl a bhfuil bhainimhí an taitneamh súl a bhfuil ina codladh, go hiomlán i ngan fhios di féin. Ansin phógainn í.

Bhí mé thíos ar mo ghlúine in aice léi, ag breathnú ar an radharc ag beochan, roic sa bhaithis, fabhraí ag ardú, mic imrisc ag díriú orm, mé ag fanacht meandar sula leagfainn póg bhog éadrom eile ar a béal. Bhí mearbhall uirthi i dtosach, cúpla soicind agus na súile ag guairdeall timpeall an tseomra sular luigh siad ormsa, sular ghéaraigh siad meandar, agus ansin aithne, áthas, a dhá lámh sínte timpeall mo mhuiníl, do mo tharraingt chuici, póg.

Mhínigh sí—bhí mo chloigeann ar a gualainn agam, ag pógadh agus ag diúl ar thaobh a muiníl—nach raibh aon dinnéar ann, gur chlis an leictreachas ag meán lae, ach go raibh ábhar le haghaidh ceapairí réitithe aici sa chistin. Ba chuma liom, dúirt mé agus d'fháisc chugam í, ní raibh aon ocras orm. I gcogar dúirt mé go raibh an seomra go hálainn, na coinnle, an solas, an teas, ligh mé isteach i bpoll a cluaise, bhí a fhios aici, dúirt sí agus a hanáil go te ar mo leiceann, go dtaitneodh sé liom. Shuigh sí siar ansin, d'iarr orm insint di faoi mo lá oibre.

Múinteoir Béarla mé i scoil sa chathair le roinnt blianta anuas. Obair í nach raibh an oiread sin stró ag baint leis, chun an fhírinne a dhéanamh, cé go ngoilleadh sé orm amanna an litríocht a fheiceáil iontaithe ina hábhar éigeantach staidéir, ina cúis iomaíochta measta ag pointí i scrúduithe. Agus gan an scoilbhliain nua tosaithe ach le cúpla seachtain bhí mé éirithe tuirseach cheana féin de neamhshuim na ndaltaí, an chuid ba mhó acu, de neamhshuim na múinteoirí, iad uile ach an príomhoide a bhí ag súil go mbeadh gach múinteoir chomh díograiseach leis féin, go dtabharfaidís cúnamh dó agus dá rúnaí le hualach mór na hoibre riaracháin, an páipéarachas uile sin, amchlár na ranganna, fótachóipeáil, clóscríobh ar an ríomhaire srl., rud a chuir moill orm inniu. D'inis mé do Ruth faoi mo lá oibre.

Agus do lá oibre féin, a d'fhiafraigh mé, cén chaoi a raibh sé?

Bhí Ruth i mbun pinn le roinnt blianta, ailt faoi ghnéithe de litríocht na Gearmáinise á scríobh aici, cúpla úrscéal aistrithe go Béarla, cúpla úrscéal Béarla aistrithe go Gearmáinis. Bhí ag éirí go réasúnta maith léi, go háirithe le cúpla bliain anuas, éileamh uirthi ó fhoilsitheoirí sa Ghearmáin agus i Sasana, irisí agus nuachtáin ag iarraidh léirmheasanna, seiceanna ag teacht sa phost. Le sé mhí anuas bhí sí ag obair ar ghearrscéalta Franz Kafka a aistriú go Gaeilge agus í ag súil go bhfoilseofaí mar leabhar iad amach anseo. Obair í seo a raibh lán a croí inti, bhí a fhios aici go mbeadh moill mhór ar an bhfoilsiú, nach mbeadh mórán léitheoirí ann ar deireadh thiar thall, nach saothródh sí ach beagán airgid as. Obair í ar theastaigh misneach mór chun tabhairt faoi, an misneach nach mbeadh aici murach mise, mar a mhínigh sí dom níos mó ná uair amháin: an saol nua a thosaigh muid le chéile nuair a shíl sí nach raibh roimpi ach dul in aois, gan fear, gan aisling, gan mhisneach. Dónal, a fear, eisean ba chúis leis an lagmhisneach, an easpa féinmhuiníne, an t-amhras faoin saol, faoin ngrá.

Chas Ruth le Dónal sa Ghearmáin nuair a bhí sí ag freastal ar an ollscoil. Léachtóir Gearmáinise a bhí ann. Ba ghearr gur phós siad, ise ceithre bliana fichead d'aois, eisean sé bliana is dhá scór. Botún a bhí ann, más botún é titim i ngrá. Ach chreid Ruth go bhfaigheadh an grá an lámh in uachtar ar na constaicí, na difríochtaí maidir le cúlra cultúrtha, aicme, aois. Agus fuair, ar feadh roinnt blianta. Ach bhíodh easaontas eatarthu, achrainn ó am go chéile, easpa cumarsáide go minic. Agus bhí May tagtha ar an saol, cailín beag a d'éiligh grá ón mbeirt acu. Réitigh siad le chéile ar a son sin, ach go bpléascadh achrann fíochmhar anois is arís, go mbíodh babhtaí fada ciúnais eatarthu, cúpla lá, seachtain fiú. Bhí dóchas aici i gcónaí go socródh cúrsaí iad féin le himeacht ama. Ach chuaigh rudaí chun donachta ar fad nuair a tairgeadh post ollscoile in Éirinn do Dhónal agus shocraigh siad aistriú. Ní raibh May ach ocht mbliana d'aois, Gearmáinis agus Gaeilge aici ach gan ach beagán Béarla. Ar ghaelscoil a d'fhreastail sí, ach cé nach raibh aon fhadhb aici leis na múinteoirí, bhí leis na gasúir eile nach raibh an Ghaeilge ina teanga bheo chumarsáide ag duine ar bith acu. Thagadh sí abhaile agus í ag caoineadh. Ar an nGaeilge a chuir seisean an milleán, agus ar an ngaelscolaíocht. Dúirt sé le Ruth nár mhór di tosú ag labhairt Béarla le May, a rá is gurbh é sin teanga na hÉireann, de réir gach cosúlachta. Ach ní ghéillfeadh Ruth. Choinnigh sé féin air ag labhairt Gearmáinise le May, rud a thaitin riamh anall le Ruth, ach chas sé ar an mBéarla léi féin. Ba gheall le hathrú pearsantachta an t-athrú teanga, é ina strainséir di beagnach, gnéithe nua dá phearsantacht ag teacht chun cinn, é ardnósach, searbhasach, fuarchúiseach.

Ar ndóigh, ní raibh May i bhfad ag foghlaim Béarla, éisteacht leis na gasúir eile ar scoil, aithris orthu, an TV, coimicí agus a leithéid. Ach níor dhún an bhearna idir Ruth agus Dónal riamh ina dhiaidh sin. Tháinig an Ghaeilge eatarthu. Go fiú, rinne sé iarracht an seanainm, a ainm ceart, Gustav, a úsáid arís ach bhí an t-ainm Dónal greamaithe dó faoi sin, dá bhuíochas, ag a chomhghleacaithe san ollscoil, ag daoine sa sráidbhaile, ag May, an leasainm a bhaist Ruth air nuair a chuir siad aithne ar a chéile i dtosach, na blianta ó shin nuair a bhí sé fós fiosrach faoin nGaeilge, an teanga ársa a cuireadh faoi chos ach a mhair beo go fóill i mbéal na mná óige anall as iarthar na hÉireann.

Chuaigh Ruth i dtaithí ar an lagmhisneach, ar an mímhuinín, ar an bhfulaingt chiúin. A hiníon a choinnigh an splanc inti i gcónaí, agus na leabhair. Ní na leabhair sa seomra seo, a leabhair seisean iad seo, a sheomra oibre seisean, a oifig nach raibh fáilte roimpi ann. I ngan fhios dó a léadh sí na leabhair sa seomra seo. Ach thuas staighre a choinnigh sí a cuid leabhar féin, carntha os cionn a chéile in aghaidh na mballaí, ar leac na fuinneoige, faoin leaba, Gearmáinis, Béarla, Gaeilge. An litríocht, a mbíodh sé sásta a chuid eolais a roinnt léi i gcónaí, éisteacht lena tuairimí féin, ba ghné eile den teip anois í. An t-údarás a bhíodh aige iontaithe ina phostúlacht, ollamh ollscoile ag tabhairt léachta do mhac léinn amh aineolach. Faoi dheireadh ghlac sí leis go raibh comhaontú neamhráite ann go bhfanfaidís neamhspleách ar a chéile cé gur in aontíos a bhí siad. Ní cheileadh sé airgead uirthi, bhí sé ina athair maith do Mhay agus b'éigean do Ruth bheith sásta leis sin, mar shaol.

Mhínigh Ruth dom faoina lá oibre.

Ní thuigeann tú an chaoi a bhfuil sé domsa, a dúirt sí mar aguisín, suí ag an deasc sin, an deasc a mbíodh seisean ag obair aici, cé chomh deacair is atá sé Gearmáinis a chur i nGaeilge nádúrtha, agus taibhse Dhónail ag breathnú thar mo ghualainn ag gáire fúm, óinseach mná ag scríobh leabhair nach léifidh duine ar bith, bíonn orm troid i gcónaí chun an ceann is fearr a fháil ar an lagmhisneach, chun leanúint ar aghaidh leis an obair seo. Murach tusa, a Sheáin. . .

Chlaon sí chun tosaigh ar an gcathaoir uilleann, phóg ar mo bhaithis mé, rith mé mo lámha suas a droim, rug ar a guaillí, phóg sí mé ar mo ghruanna, mo ghialla, mo mhuineál, scar sí a glúine agus bhrúigh mé mo cheathrúna eatarthu, d'fháisc chugam í. Rinne sí sciotaíl gáire, bhrúigh siar mé beagán, bhreathnaigh idir an dá shúil orm. An ngabhfaidh muid suas staighre? Déanfaidh muid anseo é, dúirt mé agus shín mo lámh timpeall ar a droim chun breith ar an sip, stop mé an freagra ina béal le mo bhéal féin, anseo ar an gcathaoir, dúirt mé, an teas, an solas, ar an urlár os comhair na tine. Stop sí mo bhéal lena méara. An taibhse, a dúirt sí de chogar in aice le mo chluas, airím go bhfuil sé sa seomra seo i gcónaí, ag faire orm, ní bheinn in ann m'aird iomlán a dhíriú ort. Bhain sí a méara ó mo bhéal, rith a lámh síos mo chliabhrach, thar mo bholg gur chuimil sí an cruas i mo bhríste. An cuimhin leat, a d'fhiafraigh sí, an chéad uair dúinn? Mise a rinne sciotaíl. Is cuimhin, dúirt mé.

Bhí an ghealach éirithe níos airde agus an dá dhronuilleog gheala sleamhnaithe síos dá réir. Le ceithre choinneal, ceann i ngach aon lámh ag an mbeirt againn, shiúil muid síos an halla. Sa chistin leag muid na coinnle ar an gcuisneoir agus ar an tseilf os a chionn. Bhain mé na rudaí ón mbord, plátaí le hoinniúin, le trátaí, cúcamar, leitís, cáis, ceithre phíosa aráin, crúsca bainne, gloine. Shuigh Ruth ar imeall an bhoird ansin, d'fhair orm ag baint na mbróg díom, na stocaí. Sheas mé roimpi, cosnocht.

Ghlaoigh an guthán go luath an mhaidin dár gcionn. Síos an staighre de rith liom. May a bhí ann. Bhí sí ag teacht ar cuairt, inniu, lena mac, Dónal. Dhéanfaidís a mbealach féin ón aerfort, ar an mbus chomh fada leis an sráidbhaile ach an bhféadfadh a máthair iad a bhailiú ansin? Cinnte, dúirt mé.

Bhí May ina cónaí sa Ghearmáin le cúig bliana déag, í pósta ann agus mac amháin aici. Gach samhradh thagadh sí ar choicís saoire agus ó rugadh é thugadh sí Dónal in éindí léi i gcónaí. An fear, chas muid leis nuair a bhí muid thall le haghaidh na bainise—deich mbliana ó shin—ach níor tháinig sé in éindí le May riamh. Níor thaitin taisteal leis, dúirt May, agus ní raibh Béarla ar bith aige. An samhradh seo níor tháinig sí ar cuairt ar chor ar bith agus ní bhfuair muid de mhíniú ach cárta poist a rá go mbeadh sí i dteagmháil go luath. B'in trí mhí ó shin. Ba léir dom go raibh rud éigin amú. Ar ndóigh, le cúpla samhradh anuas bhí an chorrleid tugtha aici dom nach raibh cúrsaí ag dul go rómhaith thall. Bhí a fhios agam go raibh níos mó ráite aici le Ruth faoi ach níor labhair sí liom faoi agus níor chuir mé aon cheist uirthi.

Bhí muid ag súil libh sa samhradh, dúirt mé, céard a tharla? Tada, d'fhreagair sí, an bhféadfaidh mé labhairt le mo mháthair?

Le mo bhos chlúdaigh mé béal an ghlacadáin. Ruth, a ghlaoigh mé in ard mo chinn. D'éist mé le torann na gcos thuas staighre, leis an trup trup anuas an staighre go dtí gur taibhsíodh í ag bun an halla. Bhí a fhios agam nach bhféadfadh sí m'éadan a fheiceáil agus í ag siúl síos an halla chugam, nach bhféadfadh sí an imní faoin gcuairt a bhí romhainn a aithint i mo shúile, ceilte faoi na scáthanna.

Lá maith atá romhainn, buíochas le Dia, dúirt sí tar éis sracfhéachaintí a chaitheamh amach an dá fhuinneog. Leath meangadh ar a héadan, leag sí póg ghiorraisc ar mo leiceann agus d'fhiafraigh díom cén chaoi a raibh mé ar maidin. May, a dúirt mé agus bhain mo bhos ón nglacadán. Cuirfidh mé síos an citeal, dúirt mé agus chuaigh isteach sa chistin, áit ar dhún mé an doras i mo dhiaidh, ligean di a caint phríobháideach a bheith aici lena hiníon.

Bhain May preab asam. Ba é an chaoi nár chuala mé an carr ag teacht. I mo shuí cois tine a bhí mé i seomra na leabhar, ag breathnú isteach sa ghríosach, agus b'iúd isteach an doras í. Do chéad fáilte, dúirt mé agus mé ag éirí. Leag muid póg éadrom ar leicne a chéile. Bhí a súile ag dul thart ar an seomra, ar an deasc lán le leabhair, foclóirí móra, páipéir, cóipleabhair, ar na seilfeanna lán le leabhair, ar an leabhar a bhí ina luí oscailte leathanaigh síos ar uillinn mo chathaoireach. D'ardaigh sí é. Kafka, dúirt sí, ag breathnú ar an gclúdach, *Das Urteil und Andere Erzählungen*—as Gearmáinis! Bhí sé thar am duit é a léamh sa bhunteanga seachas bheith ag brath ar na haistriúcháin thútacha Bhéarla sin. Do Mhama a bhí á léamh, dúirt mé, b'fhéidir go mbeidh na haistriúcháin Ghaeilge níos fearr. B'fhéidir go mbeidh, dúirt sí agus léigh sí amach ón leathanach a bhí oscailte, *Ich war in großer Verlegenheit*, tráthúil go leor—an ndúirt Mama leat gur fhág mé m'fhear céile thall? Dúirt. *Eine dringende Reise stand mir bevor.* . . Tá daoine ann agus feiceann siad an saol i mbileoga tae, sna cártaí, brionglóidí, ach mise, in abairt i leabhar a fheicim é.

Chuir sí an leabhar ar ais ar uillinn na cathaoireach. Taobh thiar di fuair mé spléachadh ar Dhónal a bhí ina sheasamh sa doras. Lean May treo mo shúl, bhreathnaigh sí timpeall. Gabh isteach, dúirt sí, abair haló le do sheanchara. Shiúil sé isteach agus d'fhan in aice lena máthair, súile caite síos ar an urlár. Abair haló, dúirt sí. Haló, dúirt sé go híseal, ach gan breathnú suas. Tá mise agus Mamó chun an dinnéar a réiteach, an bhfanfaidh tusa anseo le Deaideo? Deaideo a thugadh Dónal orm ó bhí sé an-óg. Ní bhfuair May aon fhreagra ar a ceist agus chuaigh sí síos ar a cromada chun breathnú isteach in éadan a mic. Maith go leor, d'fhiafraigh sí, fanfaidh tú anseo? Sméid sé a chloigeann mar fhreagra dearfach. Sheas sí agus thug aghaidh ormsa. Maith go leor, a Dheaideo? Níor chaill sí riamh an leathmheangadh searbhasach sin—bhí a fhios aici go maith nár thaitin an leasainm liom. Thar cionn, d'fhreagair mé agus d'imigh sí amach an doras.

Bhí bliain agus cúpla mí caite ó chonaic mé Dónal cheana. Gach samhradh bhíodh sé míchompordach liom i dtosach, mar a bhí sé anois. I gcónaí theastaíodh roinnt ama sula n-imíodh an chúthaileacht, sula ndéanadh sé comhrá liom, lá nó dhó sula dtosaíodh sé ar cheist i ndiaidh ceiste a chur orm, sula mbíodh sé ag damhsa timpeall orm, ag léimneach anuas ón troscán orm, ag caoineadh is ag gáire, cleasaíocht, spochadh, geonaíl, magadh, clamhsán, diabhlaíocht agus gach a mbaineann le nádúr an ghasúir óig. Ach ó mhí Iúil na bliana seo caite bhí sé fásta go mór, ocht mbliana d'aois a bhí sé anois, é athraithe, meabhair ina shúile a chuir míchompord orm féin.

An bhfuil tú ag iarraidh suí isteach cois tine? Níor thug sé aon fhreagra orm. Shuigh mé féin, mo lámha sínte amach romham, do mo théamh féin. D'fhan sé san áit a raibh sé. Suigh isteach, dúirt mé. Dhírigh mé mo shúile ar an tine, ar nós gur chuma liom céard a dhéanfadh sé, ag súil go suífeadh sé ina am féin. Nuair a bhreathnaigh mé suas arís bhí sé fós sa spota céanna, a chloigeann casta uaim, é ag breathnú ar na leabhair ar na seilfeanna. An maith leat na leabhair? D'iontaigh sé a chloigeann ar ais ach níor thug aon fhreagra orm. Ar an gcathaoir trasna uaim a bhí a shúile dírithe, an chosúlacht go raibh sé idir dhá chomhairle suí nó fanacht mar a raibh sé. An mbíonn tú ag léamh mórán?

Tost. An bhfuil a fhios agat cé mhéad leabhar atá sa seomra seo? Bhí a chloigeann casta uaim arís, é ag breathnú ar an doras, a bhí fós ar oscailt, glórtha ón gcistin le cloisteáil. Míle, dúirt mé, sin go leor leor leabhar, nach ea? Tháinig amhras orm—an raibh mé ag déanamh amadáin díom féin? Rug mé ar an leabhar a bhí ar uillinn mo chathaoireach agus chroch os comhair a shúl é. Breathnaigh, míle is a haon! Cheap mé go bhfaca mé iarracht de mheangadh air. Bheadh obair romham. An raibh an seanchaidreamh a bhíodh eadrainn caillte agam go deo? Ach leabhar Mhamó é seo, leabhar Gearmáinise, faraor níl mise in ann é a léamh, an bhfuil tusa? Bhí a shúile ar an leabhar, ar a laghad bhí an méid sin bainte amach agam. Le do thoil, a Dhónaillín, dúirt mé liom féin, abair rud éigin liom, le do thoil, cuidigh liom. Ach leabhar do dhaoine móra é seo, is dóigh go mbeadh sé ródheacair duitse, nach mbeadh? Agus shín mé chuige é. D'fhan sé trí shoicind sular ghlac sé ina lámha é. Buíochas mór le mac dílis Dé, dúirt mé liom féin.

Bhí a shúile dírithe ar an leathanach. Bhí tost ann, é socraithe agam fanacht tamall sula labhróinn arís, ag súil go labhródh sé féin. Bhí imní orm nach n-éireodh le mo bheart chun é a spreagadh chun caidrimh, gurbh fhéidir go raibh aois áirithe sroichte aige, leibhéal géarchúise aige lena n-aithneodh sé an cleas agus a thabharfadh an lámh in uachtar dó sa chaidreamh fuar eadrainn. Ach ar deireadh thiar thall, d'fhiafraigh mé díom féin, cén t-eolas atá agamsa ar na gasúir? Ach ansin thosaigh sé ag léamh.

Ich. . . war in großer—níl a fhios agam an focal sin—*eine dringende Reise stand mir bevor.* Verlegenheit, dúirt mé, níl mise in ann é a rá i gceart, ciallaíonn sé cruachás, an bhfuil a fhios agat céard é cruachás? Níl? Trioblóid de shaghas éigin, dúirt mé. Go tobann bhí sé ag breathnú idir an dá shúil orm. Bhí pian le feiceáil ann. Ba chosúil go raibh a chiall féin bainte aige as na focail, ar nós Mhay.

Bhrúigh mé na cathaoireacha as an mbealach agus thosaigh ag baint na leabhar ó na seilfeanna. I lár an urláir leag mé síos ar a dtaobhanna iad, ceann i ndiaidh a chéile, ceithre líne i bhfoirm dronuilleoige. Céard é sin, d'fhiafraigh mé de, meas tú? Bhí sé ag faire orm, mearbhall air. Níor fhan mé leis ach d'fhreagair mé mo cheist féin. Teach! Thosaigh mé ar shraith eile leabhar a chur os cionn na leabhar eile. Bhí cúig shraith curtha síos agam sular thosaigh sé ag tabhairt cúnaimh dom.

D'úsáid muid gach leabhar sa seomra, agus mar dhíon, cúpla leathanach ó fhorlíonadh na leabhar sa nuachtán Gearmáinise a bhí ar an deasc. Chuaigh Dónal isteach ann, ag labhairt Gearmáinise leis féin, iontas, lúcháir, gáire. Ba ghearr gur sháigh sé a chloigeann amach an fhuinneoigín. Nach bhfuil tú ag teacht isteach, a Dheaideo?

Chrom mé agus chuaigh isteach. Gan mórán achair bhí muid suite síos in aice le chéile agus an chaint tosaithe, an ath-aithne. I dtosach d'iarr mé air Seán a thabhairt orm, mhínigh nár thaitin Deaideo liom mar nach mise a Dheaideo, dá mba ea go mbeadh May ina hiníon liom, rud nach raibh. A Dheaideo i ndáiríre, Dónal an t-ainm a bhí air sin chomh maith, bhí sé básaithe le blianta. B'eisean athair Mhay, fear céile Ruth, lánúin a bhí iontu, lánúin phósta, an dtuigeann tú, mise agus Ruth is lánúin muide anois, cé nach bhfuil muid pósta—lánúin, sin fear agus bean atá ag dul amach le chéile, mar a déarfá, ag fanacht le chéile i gcónaí, mise agus May, mise agus do Mhama, bhí muide ag dul amach le chéile tráth, lánúin a bhíodh ionainn, an dtuigeann tú, ach níl gaol ar bith idir mise agus do Mhama, is é an chaoi go mbíodh sí ina girlfriend liom, ní thuigeann tú girlfriend, an dtuigeann?

Níor thuig, ar ndóigh. Bhí fonn orm cúnamh a fháil ón bhfoclóir Béarla-Gearmáinise ach bhí sé in úsáid mar bhunchloch den teach. Rinne mé iarracht an rud ar fad a mhíniú chomh simplí agus ab fhéidir ach chuaigh rudaí in aimhréidh orm, thosaigh sé ar cheisteanna a chur orm, ceisteanna a bhí níos géarchúisí ná mar a bhí mé ag súil leis, tharraing míniú amháin míniú eile, agus ba ghearr go raibh mé ag cur síos ar an gcaoi ar chas mise agus May le chéile, an chaoi ar thit mise agus Ruth i ngrá ansin, an trioblóid mhór le May dá bharr, an difear mór aoiseanna idir mise agus Ruth a thug ar chairde liom a rá nach raibh inti ach ionadaí máthar dom—fuair mo mháthair bás agus mé óg—ba chuma liom má b'ionadaí máthar dom í, cén dochar má ba ea, níor mhaolaigh sin an grá mór a bhí agam di—agus go leor leor eile nach dtuigfeadh gasúr ocht mbliana d'aois ar chor ar bith. Ach lean mé orm mar go raibh sé ag breathnú chomh dáiríre sin idir an dá shúil orm, ag éisteacht chomh géar sin le gach focal—thuig mé gur thaitin sé leis go raibh mé ag caitheamh leis mar dhuine fásta, bhí mé ag plé le cúrsaí nár phléigh mé chomh hoscailte riamh cheana agus is dóigh gur thuig Dónal go raibh tionchar áirithe ag mo chuid cainte orm féin.

D'inis sé beagán faoina chuid trioblóidí féin, thuig mé uaidh go mbíodh a athair óltach i gcónaí, gur mhaith leis féin teacht chun cónaí in Éirinn lena Mhama ach go raibh a chairde thall, Klause, Martin, Jorglein, Norbert.

Anois, a dúirt mé faoi dheireadh, mé traochta ag an gcaint, an bhfuil tú chun an teach a thaispeáint do do Mhama agus do Mhamó. Tá, a d'fhreagair sé agus rith sé leis.

Bhí an ceathrar againn inár suí timpeall an bhoird sa seomra suite ag ithe dinnéir, ag ól fíona agus ag comhrá. Ag comhrá, a fhad is a lig Dónal dúinn é: ar éigean a stop sé ag caint, ag déanamh iontais faoin teach a thóg muid, míle leabhar a Mhama, tá tuilleadh thuas staighre, nach bhfuil a Mhamó, sin a dúirt Seán—ní Deaideo a bhí sé a thabhairt orm anois. Bhí May ag áitiú air an chaint a mhaolú a dhóthain le go n-íosfadh sé an dinnéar, gach uile ghreim de, agus gach braon den fhíon—a raibh uisce tríd—a ól. Níor éirigh go rómhaith léi agus ár gcomhrá á spreagadh chun ceisteanna. Ba ghearr go raibh sé ag casaoid faoin dinnéar, a rá go raibh sé rófhuar, go raibh sé ag iarraidh dul ag spraoi sa teachín, ag iarraidh ormsa dul in éindí leis. Faoi dheireadh, chun achrann a sheachaint, lig May dó imeacht agus gan ach leath an dinnéir ite aige.

Tá sé an-tógtha leatsa, dúirt May liom. Tá mise an-tógtha leisean, dúirt mé féin, is iontach an gasúirín é. Tá sé trína chéile, an créatúirín, dúirt May, bhí cúrsaí go dona leis le tamall anuas, trioblóid aige ar scoil, ní chuireann a athair aon suim ann, is dóigh go dteastaíonn fear éigin uaidh chun áit athar a ghlacadh dó, níl a fhios agam céard a dhéanfaidh mé, tá sé iontach é a fheiceáil ag gáire arís, tá bealach agat le gasúir, a Sheáin, dhéanfá athair maith.

Thit tost. Bhí tionchar ar leith ag brí cheilte fhocail Mhay ar gach duine: bhí cloigeann Ruth casta ar leataobh óna hiníon, súile ar an mbord, nós go raibh sí ag fanacht go labhródh duine eile; súile Mhay caite síos go tobann go dtí a gloine fíona, a méara á casadh timpeall go mall ar an mbord fúithi—in aon turas, cheap mé, a dúirt sí é, chun muid a chiontú; mise, ag ligean orm nach raibh urchóid ar bith sna focail, ag súil nach mbreathnódh ceachtar acu orm. Lean an tost.

Thug mé faoi deara go raibh Dónal ina sheasamh sa doras. Ag breathnú ar Ruth a bhí sé. Chas Ruth a cloigeann agus chomh luath agus a luigh a súile ormsa chaith mé meangadh ar Dhónal, a bhí anois ag breathnú ar Mhay. Ise, ar nós gur airigh sí go raibh a mac taobh thiar di, bhreathnaigh sí timpeall air. Mise, Ruth agus May, chuaigh ár súile thart ar a chéile, meangadh mór ar gach duine againn. Thit cuid den teach, a Dheaideo. Phléasc an triúr againn le gáire. Anois, a Dhónaillín, caithfidh tú Seán a thabhairt orm, ní mise do Dheaideo, dá mba ea, bheadh do Mhama ina hiníon liomsa, nach mbeadh? Tháinig meangadh ar Dhónal, an leathmheangadh searbhasach diabhlaíochta sin a d'fheicinn go minic ar a mháthair. Labhair sé: seachas ina girlfriend? Agus scrúdaigh sé tionchar a cheiste ar gach duine: ormsa, míchompord; ar Mhay, luisne; ar Ruth, sciotaíl gháire a raibh sí ag iarraidh srian a chur uirthi.

An raibh aon chur amach agam féin, a d'fhiafraigh May díom, ar an alcólachas? Inár suí sa teach tábhairne an tráthnóna sin a bhí muid, Ruth agus Dónal imithe ag siopadóireacht, mé tar éis an deis a thapú chun caint a dhéanamh le May, an teannas a bhriseadh, iarraidh uirthi insint dom faoina raibh ag tarlú.

Níorbh é an chéad uair aici é bheith scartha óna fear ach bhí rún daingean aici gan filleadh arís air an iarraidh seo, faitíos uirthi roimhe ar a son féin ach ar son Dhónail go háirithe—mhaitheadh sí dó é nuair ba í féin a bhuaileadh sé, ar an ól a chuireadh sí an milleán, trua aici dó agus é céasta ag an náire an lá dár gcionn. Áit a bhfuil náire tá dóchas, mar a deir an té a deir. Ach ar náire nó féintrua a bhí ann? Nuair a bhuail sé Dónal—níor tharla sé ach an t-aon uair amháin—thuig sí gur ag cur dallamullóige uirthi féin a bhí sí. Air féin, agus air féin amháin a bhí sé éirí as an ól, tabhairt faoi é féin a leigheas. Níor thairbhe ar bith dó a grá, ba dhochar dó é, fiú. Ceacht crua. Bhí droim tugtha aici don ghrá sin anois, an brón fágtha ina diaidh aici, aghaidh tugtha aici ar an saol nua lena mac. D'fhillfeadh sí go hÉirinn, gheobhadh sí post sa chathair, árasán—bhí cairde aici i gcónaí ann.

Cén chaoi sa diabhal a roghnaigh mé a leithéid d'fhear céile?

Ba cheist aici uirthi féin í. Ach bhí brí cheilte ann, nach raibh? I ngan fhios di féin? Ní raibh mé in ann a dhéanamh amach. An raibh sí ag cuimhneamh ar an rud céanna is a bhí mise, a súile dírithe síos ar an bpionta ar an mbord, go bhféadfadh mise bheith i m'fhear céile ag May, Dónal mo mhac, murach a máthair, Ruth?

Tógfaidh mé Dónal isteach sa leaba liomsa anocht, dúirt sí i nglór a d'fhógair go raibh sé in am an t-ábhar cainte a athrú.

127

Réitigh muid an seomra breise lena aghaidh, tá na seanbhréagáin agus gach rud ann.

Ní chodlóidh sé ann, ní leis féin ar aon nós, ag codladh liomsa atá sé le cúpla mí anuas—bliain atá ann faoi seo, is dóigh. D'ardaigh sí a pionta, d'ól bolgam mór as agus lig osna.

An mbeidh sé ina shuí go luath ar maidin, mar a bhíodh, ag iarraidh teacht isteach sa leaba liomsa agus le do Mhama?

Déarfainn é, dúirt sí agus d'ól sí bolgam eile, thug aghaidh orm leis an meangadh sin, bígí cinnte go mbeidh éadaí oíche oraibh, an seandiabhal ina súile, claochlaithe go tobann go dtí an seanbhrón, nó arbh é an brón nua é?

IV

Gleo an tí tábhairne timpeall orm, gloiní ag clingireacht le chéile ar dheis, gáire thall, an teilifís sa chúinne, comhrá glórach ar chlé. Bhí mo shúile dúnta.

Shín mé mo lámh amach, chuir ag smúrthacht romham í go ndeachaigh sí i dteagmháil leis an bhfuacht, na méara i dtosach, ansin an ordóg agus, ar deireadh, an bhos. Rug mé greim ar an bhfuacht, d'ardaigh chun mo bhéil é—mo phionta. Sláinte? Ach níor tháinig aon fhreagra. I m'aonar a bhí mé. Bhí Ruth marbh. Codladh le folús fuar a bheinn anocht, arís.

D'oscail mé mo shúile. Sa seomra suite a bhí mé, ag an mbord, i mo shuí. Ar dheis agus ar chlé bhí cathaoireacha, folamh. Ar an mbord romham bhí pláta, scian ar dheis agus forc ar chlé, pláta folamh. Ní raibh ocras orm. Ná tart, an buidéal fíona i lár an bhoird, fíon bán, sa chuisneoir a bhí sé, bhí an fuacht fós le haireachtáil i mo lámh, gloine amháin in aice leis, folamh. Ní bheadh duine amháin in ann buidéal iomlán fíona a ól, ní leis féin, theastódh cúpla duine, theastódh beirt ar a laghad, theastódh Ruth ach fuair sí bás cúig lá ó shin.

Bhí ciúnas sa teach.

Agus an solas curtha as sa seomra suite dhún mé an doras i mo dhiaidh. Sa halla dom ansin—shín mo lámh amach chun na soilse a chur as, solas os mo chionn, solas eile thíos ag bun. Trasna uaim chonaic nach raibh doras na cistine dúnta go hiomlán, oscailt a bhí mór a dóthain chun mo lámh a shá isteach, dul ag smúrthacht suas anuas ar an mballa istigh chun an lasc a bhrú síos.

Dorchadas. Comhluadar don fhuacht agus don chiúnas. Chas mé ar chlé agus shiúil síos an halla, thar an dá fhuinneog a raibh na cuirtíní dúnta orthu.

I seomra na leabhar bhí cathaoir uilleann amháin brúite ar leataobh, an ceann eile i lár an teallaigh, mé i mo shuí uirthi. Bhí buicéad lán le gual le mo thaobh ach ní raibh an tine ar lasadh. I lár an mhatail os mo chomhair bhí lasair bheag. Coinneal aonarach. Beagán solais, beagán teasa.

An raibh mé i m'aonar sa seomra seo?

Bhreathnaigh mé ar dheis, ar na leabhair ar na seilfeanna, ar chlé, ar na leabhair ar na seilfeanna, chas mé mo chloigeann níos faide timpeall chun breathnú sna scáthanna taobh thiar díom, ar an deasc ar a raibh cúpla leabhar, cóipleabhair, bileoga páipéir, nuachtán, ar an gcathaoir fholamh, ar na cuirtíní troma dúnta ar an bhfuinneog.

Ní raibh duine ar bith sa seomra ach mé féin.

Thug mé aghaidh ar mo choinneal arís. I mo lámh bhí leabhar. Istigh sa leabhar bhí litir, litir gan chlúdach mar nár theastaigh seoladh ar litir chuig duine marbh. Litir a scríobh mé inné, ag an deasc. D'imigh uair an chloig tharam agus an peann crochta miliméadar os cionn na bileoige agam—ach b'fhéidir nach raibh ann ach nóiméad. Chun teagmháil a dhéanamh leis na mairbh ní mór cúrsaí ama a chur ar ceal. B'ionann leath an lae caite ag iarraidh breith ar na mílte focal ag snámh san aer timpeall orm agus an meandar caite ag tochailt san fholús gan teacht ar an aon fhocal amháin a chuirfeadh gach uile rud in iúl: Ruth—b'in an focal a bhí scríofa agam, Ruth, Ruth, arís agus arís eile, Ruth, Ruth, Ruth nó go raibh an leathanach líonta agam.

Chuir mé binn na bileoige leis an lasair, d'fhan go raibh sí lasta agus ansin, le séideadh éadrom anála, mhúch mé an choinneal. Leag mé mo litir ar ghríosach fhuar na tine agus lig don pháipéar dó, d'airigh an teas ar mo lámha, bhreathnaigh ar an solas ag méadú, d'éist le glór beag na lasracha ar nós gur freagra é ar mo litir, sioscadh íseal, drumadóireacht bheag bhodhar, cúpla crac lag nuair nach raibh fanta ach creatlach liath ar snámh le splancanna á múchadh ceann i ndiaidh a chéile, ansin ciúnas. Cé a bhainfeadh meabhair as a leithéid de fhreagra?

Ach bhí solas fós sa seomra! Os cionn an mhatail! Ar an mballa os mo chomhair, sea, bhí solas ag damhsa anonn is anall. Agus ar dheis, ar na seilfeanna—bhí siad folamh anois, na leabhair imithe. Ar chlé freisin, na seilfeanna folamh, na leabhair imithe. Solas, scáthanna ar crith i ngach áit. Agus teas ar chúl mo mhuiníl. Chas mé timpeall.

Bhí an dá chuirtín oscailte, iad ag bolgadh amach chugam, na fuinneoga ar an dá thaobh oscailte, deatach á shéideadh isteach, casacht i mo scornach. De léim bhí mé ag an deasc, mo dhá lámh i dtaca fúm chun claonadh chun tosaigh, mo shrón in aghaidh an phána, deatach i mo shúile.

Amuigh sa ghairdín bhí carn trí thine, na leabhair uile os cionn a chéile, go néata i gcruth bosca, cónra mhór fhada agus na lasracha ag éirí ón mbun aníos, gusta mór gaoithe ag séideadh go tobann, na lasracha ag éirí go hard san aer, solas chomh geal leis an ngrian, torann toirniúil, boladh i mo shrón, an boladh a ceileadh orm an lá cheana sa chréamatóiriam, feoil ag dó, luaithreach á caitheamh in aghaidh na gloine, mo shúile ag caochadh, méara ag cuimilt in iarracht na gráinní a bhaint astu, deora ag sileadh.

I mo shuí cois teallaigh a bhí mé, sa dorchadas, san fhuacht, ag fanacht le freagra ar an litir a sheachad mé go dtí an bás, i mo shuí sa chiúnas.

Ghlaoigh an guthán. Gheit mo chroí, phreab sé i mo chliabhrach arís agus arís. Ach níor éirigh mé. Theip orm siúl sa dorchadas chun an doras a oscailt, mo lámha a chur ag smúrthacht romham síos an halla, an guthán ag glaoch agus ag glaoch, fuadar orm chun an glacadán a ardú chuig mo chluas agus éisteacht leis an teachtaireacht ón mbás.

Stop an glaoch agus d'fhill an ciúnas. Ciúnas a briseadh le torann íseal amuigh sa halla, buillí bodhra rialta ag ardú de réir a chéile, coiscéimeanna sa halla, coiscéimeanna ag teannadh ar an doras, stoptha ansin agus an murlán ag casadh le díoscán. Ag teacht chugamsa a bhí teachtaire an bháis, a rá is nach raibh mise sásta dul chuige. D'oscail an doras.

Tá an bricfeasta réidh, dúirt Dónal. Go raibh maith agat, dúirt mé féin. D'éirigh.

Agus mé á leanúint suas an halla dúirt mé arís leis gur chóir dó glao gutháin a chur ar a Mhama, gach rud a mhíniú di, é a dhéanamh anois, murar mhiste leis, nó go gcuirfeadh sí an milleán ormsa.

Chas mé isteach sa chistin agus d'éist leis tríd an doras oscailte ag míniú nach ndeachaigh sé ar scoil ach tháinig anseo ar an ordóg, sea, mar go raibh imní air fúmsa—chaoch sé súil orm. Fuair sé síob ar an toirt, sea, an gcreidfeá é, beirt bhan rialta, chuaigh siad as a mbealach chun é a fhágáil díreach ag an doras.

Chuir mé na slipéirí ar mo chosa nochta, d'fhan gur phreab an tósta aníos, chuir im air, rinne ceapairí as na hábhair a bhí gearrtha ag Dónal dom. Líon mé cupán caife, d'airigh an teas i mo bhéal, solas na gréine tríd an bhfuinneog, popcheol ón raidió i mo chluasa agus glór Dhónail ag clamhsán lena Mhama—ní bloody gasúr mé níos mó, Mum, an bhfuil tú ag rá liom nach raibh tusa ag hitcheáil nuair a bhí tú seacht déag, eh?

An tráthnóna sin thiomáin mé Dónal ar ais abhaile. Ar an mbealach stop mé ag an gcrosbhóthar. Ní raibh aon bheithígh sa gharraí ach bhí an crann ann i gcónaí. Sheas muid faoin duilliúr.

Ich war in großer Verlegenheit, dúirt mé os ard, eine dringende Reise stand mir bevor.

Cén fáth a ndúirt tú é sin?

Theastaigh sé, dúirt mé agus shiúil ar ais go dtí an carr.

V

Ich war in großer Verlegenheit; eine dringende Reise stand mir bevor.

Is leor sin.

Céard? Níl tú ag iarraidh orm leanúint ar aghaidh?

Ní theastaíonn ach an líne sin.

Ba cheart dom Kafka a léamh. Thaitin na haistriúcháin liom. Is é an trua nach raibh am aici an dara cnuasach a chríochnú.

Nach cuma. . .

Chaith mé súil ar a cuid páipéar, níl an oiread sin oibre le déanamh.

Tá Ruth marbh. Is cuma faoi anois. An bhfuil ocras ort?

D'ith muid dinnéar leathuair an chloig ó shin.

Ceapaire. . . Dhá phíosa tósta, cáis, trátaí, oinniúin, cúcamar, leitís. . . Agus caife. . .

Níl sé uaim.

Teastaíonn sé. . . bainfidh mé na bróga díom, na stocaí.

Teastaíonn—mo thóin! Cé uaidh, a Sheáin? Uaitse?

Sin an méid atá fanta agam. Cuimhní. Mo shaol a chruthú ar chreatlach na gcuimhní, áiteanna, rudaí. Ciorcal nach bhfuil mé in ann éalú as, a Mhay, nach bhfuil mé ag iarraidh éalú as, sáinn. . .

Dúisigh thú féin a chladhaire! Tá Maim básaithe le bliain, níl tú ach ceathracha a hocht, níl an saol thart fós. Breathnaigh an méid a rinne Maim sa scór bliain deiridh dá saol.

Tá Dónal anseo.

Níl.

D'athair atá i gceist agam, sa seomra seo.

Tá a fhios agam.

An bhfeiceann tú é?

Ní fheicim, ach cloisim, bíonn sé ag caint liom gach uair a bhím anseo.

Céard a bhíonn sé á rá?

Ag léamh, na leabhair thall, mar a dhéanadh sé agus mé óg.

Franz Kafka.

Ní hea. Filíocht, Heine, Goethe, Hölderlin, Rilke, ní cuimhin liom, níor thuig mé ag an am. Bhí ceol ag baint leo. Níl an ceol ligthe i ndearmad agam.

Abair dán.

Spottet ja nicht des Kinds, wenn es mit Peitsch' und Sporn/ Auf dem Rosse von Holz mutig und groß sich dünkt,/ Denn, ihr Deutschen, auch ihr seid/ Tatenarm und gedankenvoll.

Céard a chiallaíonn sé?

Ceol.

Ní theastaíonn sé.

A Chríost, mura stopfaidh tú á rá sin! A bhfuil ag dul ag tarlú sa saol ní theastaíonn sé. Níl a fhios ag duine ar bith. Breathnaigh romhat, a amadáin!

Tá a fhios agam céard atá romham—glaofaidh an guthán, siúlfaidh mé síos an halla, thar an dá fhuinneog, ardóidh mé an glacadán. . .

Ceapaim go bhfuil m'athair ag iarraidh leithscéal a ghabháil leat.

Cén fáth?

Ceapaim go raibh éad air.

Mar gheall ar a bhean?

Ní hea! Mar gheall ormsa.

Ba cheart dó leithscéal a ghabháil lena bhean, le Ruth.

Cén fáth, an gceapann tú go raibh éad air?

Ní hea. Mhill sé a saol.

Seafóid! Níl a fhios agatsa tada. Leath an scéil a fuair tú. Bhí sise ag rith i ndiaidh gach fir óig san áit, anseo agus sa Ghearmáin, ní thusa an chéad duine, d'inis m'athair dom.

Bréaga, a Mhay, feall.

D'aithin sí go maith thú, b'éasca dallamullóg a chur ort, mheall sí thú.

Má mheall bhí céad fáilte roimpi, d'oscail sí mo shúile.

Cac! Ní raibh sé de mhisneach agat bean do dhiongbhála a ghlacadh, focáil leat, ghlac tú le do mháthair, sea, inis dom faoi do Mhama anois, a Sheáinín, cén faitíos atá ort?

Ná tosaigh, tóg go réidh é, tá mé á rá leat. . .

Chonaic mé sibh.

Céard a chonaic tú?

An lá sin.

Cén lá?

An lá sin sa chistin, chonaic mé sibh, tríd an bhfuinneog, bhí mé taobh amuigh, ar tí cnagadh ar an ngloine a bhí mé, ansin thuig mé, bhí sibh in bhur seasamh ar aghaidh a chéile, caint nár chuala mé, bhí deora i súile mo Mhama, i do shúilese, ansin phóg sibh a chéile—a Chríost, níor chreid mé mo shúile, choinnigh orm ag breathnú go dtí nach bhféadfadh aon amhras a bheith ann, brúite in aghaidh an bhoird a bhí sí, leathshuite, chonaic mé gúna mo Mhama crochta suas agat ar a ceathrúna, do bhríste curtha síos aici ar do ghlúine, a lámh i ngreim daingean ar do thóin, do thóin chomh bán, cíoch mo Mhama nochta agat, í chomh bán freisin, tú ag diúl uirthi—mo Mhama, a Chríost! Mo Mhama féin, ceathracha a seacht, tá a fhios agam go raibh an chuma uirthi go raibh sí tríocha a seacht, tríocha a sé, tríocha a cúig fiú, ach tusa, fiche a trí, rith mé, chuaigh i bhfolach, chaoin mé, scréach mé, d'fhill tar éis uair an chloig, lig mé orm gur díreach tagtha a bhí mé.

Bhí a fhios agat cheana, nuair a d'inis mé duit?

Fanfaidh an pictiúr sin i m'intinn go deo. I gcónaí, ag cuimhneamh air, tá mé ag samhlú gur mise a bhí ann, go bhfaca mé do dheora, gur inis tú gach rud dom, go mbéarfá ormsa mar sin, an fuadar sin, go ligfeá domsa breith ort mar a rug sise ort. Tá an guthán ag glaoch, freagair é—ná bíodh imní ort, beidh na deora seo triomaithe agam nuair a fhillfidh tú—nach bhfuil tú chun é a fhreagairt, freagair é, freagair é. . .

Dónal a bhí ann.

Ar inis tú dó go bhfuil mise anseo.

D'inis.

Ar inis tú dó gur ar an ordóg a tháinig mé.

D'inis—bhí iontas air, imní. Ag iarraidh teacht le haghaidh an deiridh seachtaine atá sé. Agus d'iarr sé orm a rá leat go mbeidh sé ag fanacht le cara leis anocht, gan a bheith ag súil leis.

Teach folamh romham anocht mar sin.

Céard faoi do chara, d'fhear?

Níl mé i ngrá leis, níl seisean i ngrá liomsa, ní maith le Dónal é, ní maith le cailín Dhónail é, praiseach eile déanta agam.

Lena chailín atá Dónal ag iarraidh teacht, codladh le chéile sa seomra breise. Dúirt mé leis go gcaithfidh sé cead a fháil uaitse.

Níl sí ach sé bliana déag.

Gach seans go bhfuil sé déanta acu cheana, ar aon nós.

Is dóigh. Ba bhreá le Dónal bheith ina chónaí anseo, ba bhreá leis dá mbeinnse i mo chónaí anseo freisin.

D'fhág do Mhama an teach ag an mbeirt againn, san uacht.

An bhfuil tú ag iarraidh orm teacht chun cónaí anseo?

Ní hin a bhí i gceist agam. D'fhéadfá obair a dhéanamh anseo, má tá tú ag iarraidh, ar an dara cnuasach, tá na lámhscríbhinní ansin i gcónaí, na foclóirí, na cóipleabhair, ar an deasc.

A háit a thógáil, mar a thóg sise m'áitse?

Ní féidir le duine ar bith a háit a thógáil domsa, a Mhay.

D'fhéadfá féin dul ag obair ar na scríbhinní, Gearmáinis a fhoghlaim fiú, nach bhféadfá? An bhfuil tú réidh mar sin?

Réidh?

Nach cuimhin leat, bhí deifir ort mé a thiomáint abhaile.

Bhí.

Mar gur theastaigh sé. Agus pionta a ól sa phub, mar gur theastaigh sé.

Sea. Stopadh ag an gcrosbhóthar, mar a stopainn i gcónaí, an crann. . .

Mar go dteastaíonn sé?

Sea.

Ní theastaíonn sé, a Sheáin. D'fhéadfainn fanacht.

D'fhéadfá.

D'fhéadfá do lámha a chur timpeall orm.